세상의 두 개

김구부 산문

교음사

| 머리글 |

그해 평창의 산촌일기 1 인도주의를 선도하는 빗소리

지금 전국에 내리는 비는 장마의 시작이라고 합니다. 봄 가뭄에 비쩍 마른 초목들이며 채소들이 일제히 비명들을 지르고 있던 참에 평창의 산촌도 빗소리로 덮여 있습니다.

어제 비 소식을 듣고 채마밭에 약간의 비료를 뿌렸습니다. 저 여린 것들은 마침내 목마름을 털고 인간의 입맛에 즐거움을 선사할 것입니다. 건너편 이장 아저씨네 낡은 양철지붕 위에서 빗방울 소리가 점점 요란해집니다.

멍하니 빗소리를 듣습니다. 두 손조차 할 일이 없어야 합니다. 빗소리가 인도주의를 선도하고 있습니다.

나는 안심하고 내일 아침 저 복잡한 도시로 발걸음을 옮길 생각입니다. 지독한 외로움, 말 못할 불편함에서 잠시 벗어나 며칠 북적대다가 돌아올 계획입니다.

그해 평창의 산촌일기 2 오싹한 노란 곰취 꽃

서울에서 막 내려와 채마밭을 찾으니 잡초들만 가득했습니다. 채마밭이래야 대여섯 평의 산비탈에 심어놓은 고추며 가지며 몇 그루의 토마토 등 열매 채소들인데, 도대체 보이지를 않습니다. 보나마나 들짐승, 날짐승들이 저질러 놓은 일이 분명해 보였습니다.

이런 와중에 보름 사이 곰취가 씨앗으로 내려왔는지 어쩐지 저 혼자 꽃을 피워냈습니다. 취나물 가운데 그 맛을 으뜸으로 치는 곰취는 잎새만을 선호했지 꽃은 거들떠보지 않더군요. 곰취 꽃의 티 하나 없는 맑은 노란색, 문득 경험론적 감각이 그 노란 색감에 얹혀 투영됩니다.

아, 그렇습니다. 저 노란색은 한때 '노빠의 광란', 또는 '세월호' 따위의 부정적 기억들을 강하게 떠올리게 하고 있습니다. 사물에서는 양면성, 혹은 다면성이 내재되어 있다고 하더니, 나는 과연 곰취 꽃에서 오싹함을 느꼈습니다. 이 산촌에까지 그것들의 악몽이 따라올 줄 몰랐습니다.

그해 평창의 산촌일기 3 그리움의 정화精華 망부석

그리움은 사람에게 있어 가장 아름다운 슬픔이라고 합니다. 그리워하는 대상이 누구건 그리워하는 사람의 입장이 절실하면 할수록 안타까운 마음은 슬픔으로 전이轉移된다는 것입니다. 보고 싶고 만나고 싶지만 다가갈 수 없는 마음의 중심에 연인이거나 남편, 혹은 아내가 있을 때는 그 애절함이 더욱더 가슴을 적십니다.

왜적에게 붙잡혀 간 남편을 기다리다 망부석이 된 저 신라의 박제상朴堤上의 아내 이야기가 그중 하나입니다. 어디 그뿐입니까. 소설과 영화에서 이 그리움이라는 이름의 슬픈 감정의 도입은 거의 필수입니다.

삶의 고된 일상을 드러낸 정선 아리랑의 구성진 가락 가운데 "아우라지 뱃사공아, 배 좀 건네주게. 잠시잠깐 님 그리워 나는 못 살겠네"라는 구절이 있습니다. 그 님을 그리는 처녀의 애달픈 마음이 아우라지 강변에 동상으로 서 있습니다. 영원히 돌아오지 못한 님을 그리는 처녀상의 표정은 금방이라도 눈물을 떨어뜨릴 것 같았습니다.

– 나도 그 처녀상 앞에서 시선을 달리하여 강 건너를 바라봅니다. 어쩌면 나도 당신을 안타깝게 그리워하고 있는지도 모릅니다.

그해 평창의 산촌일기 4 두 개의 몽둥이

사람이 살면서 몽둥이 두 개는 가슴에 품고 있어야 한다는 생각을 해 봅니다. 세상을 바라보는 의식의 눈이 몽롱해질 때 스스로를 경계하고 성찰하는 죽비 소리와 같은 몽둥이 하나와 세상을 분탕질치고 역사의 수레바퀴를 거꾸로 돌리는 부류들을 경계하고자 하는 의분의 몽둥이입니다. 지금 이 나라의 버릴 수 없는 가치인 상식과 염치는 시궁창 속에서 팽개쳐져 있습니다. 또 우리의 정신세계의 큰 기둥인 정의와 예의는 쓰레기통에서 신음하고 있습니다.

이 도저히 참을 수 없는 망동을 멈추게 하기 위하여 우리 모두의 가슴에 두 개의 몽둥이를 품고 있어야 합니다. 왜냐하면, 점점 온도가 높아져 가는 가마솥의 개구리 처지를 벗어나야 하기 때문입니다.

마침 오늘은 11월 11일입니다. 아이들은 이날을 '빼빼로 데이'라고 부른다지만, 나는 이날을 몽둥이 데이라고 부르고자 합니다. 튼튼한 두 개의 몽둥이, 세상을 바로잡는 마법의 지팡이 같은 몽둥이….

(진부 읍내 하나로마트 가는 길에 우연히 주운 철 지난 신문을 보고 무엇 때문에 왜 분개를 했는지는 아무리 생각해도 기억에 없습니다.)

그해 평창의 산촌일기 5 그림과 여자와 전쟁

수많은 이야기들이 함축해 있는 대상 중에 '그림과 여자와 전쟁'은 멀리서 바라보아야 한다는 말이 생각납니다. 여자를 가까이하면 상처를 입고, 전쟁은 모든 것을 파멸로 이끌기 때문입니다. 그중 상처와 아픔은 제쳐두고, 원근의 거리감과 상관없는 그림은 심미안審美眼을 갖고 있지 않더라도 아름다움의 대상이 됩니다.

지금 평창 진부의 산촌에는 이 그림들이 사방에 펼쳐져 있습니다. 가을의 붓질이 섬세하게 스친 곳이 있는가 하면 그냥 귀찮아서 여러 가지 색깔을 한꺼번에 쏟아부은 듯 활활 타오르고 있습니다. 게다가 햇살조차 눈이 부셔 더욱 선명해진 시야는 차마 눈을 감기 아까울 정도입니다.

그러나 아침저녁 쌀쌀한 기온은 그리 멀지 않은 곳에 겨울이 와 있음을 실감합니다. 벌써부터 잎새들은 헐벗기 시작합니다. 그것은 또 다른 새봄의 예비를 의미하기도 합니다.

그나저나 산촌의 추위를 어떻게 견뎌야 할지, 끝내는 하산을 준비할까 합니다. 인생도 마찬가지이겠지요.

평창 진부에서

차 례

▸ 머리글

1. 잊혀진 것들의 잔영殘影

어제 풍경 - 감탄사뿐인 봄 나라 18

잃어버린 고향 - 변화의 잔해, 실조의 풍경 27

2. 세상의 두 개

오른손 · 왼손 - 차별과 공존 26

고요 · 소음 - 소리의 야만성 48

헌것 새것 - 손목시계 일대기 63

3. 역사 돋보기

서포 김만중 · 추사 김정희 - 천재들의 귀양 76

반구정 · 압구정 - 갈매기가 날지 않는 정자亭子 90

4. 지하철 시대

인간 짐짝 - 제 몸보다 큰 우수憂愁 108

어느 날의 지하철 - 노인과 젊은이의 간격 117

오이도 · 오이도역 - 맛의 권력 소금 126

5. 여름 · 겨울

여름나기 - 지혜와 고육책苦肉策 138

겨울나기 - 고장난 인간진화 147

6. 산 · 섬

야성野性의 섬 - 난해한 풍경 156

일출 · 일몰 - 안면도 162

신神의 산, 인간의 산 - 위대한 등정 혹은 허세의 증표 170

7. 마음 찾기

마음 엿보기와 읽기 - 상식의 멸종 186

• 글을 마치며 196

1

잊혀진 것들의 잔영殘影

'잊혀진 것들'은 이미 기억에서 사라져 버린 경험, 감정 등의 소멸을 의미한다. 그렇게 정리된 것들의 새삼스러운 출현은 괜한 허상일 뿐인데, 시간이 갈수록 이 허상은 안개 속에서 더욱 또렷하다. 이 무슨 조화 속인가.

어제 풍경

– 감탄사뿐인 봄 나라

그 겨울을 어렵게 건너 봄이 왔다. 먼 시야 너머로 아지랑이가 피어오르면 살아있는 것들은 일제히 기지개를 펴고, 지상은 마침내 녹색으로 도금될 것이다. 그러므로 '봄이 왔다'는 종결어終結語는 그 따사로운 봄을 기다렸다는 간절함까지 포함한다.

겨울의 퇴각과 봄의 내습이라는 계절의 순환은 자연법의 톱니바퀴에 맞물려 한 치의 어긋남이 없을 터였다. 그러함에도 지루했던 겨울의 폐색을 버리고 봄의 화색을 맞이하는 일이 언제나 새로운 듯 사람들은 설렘과 안도감

속으로 잦아든다.

생명을 불러일으키는 봄 햇살은 맑고 투명하다. 변화에 시달리거나 어떤 풍화에도 바래지 않았을 시원의 훈풍은 아름다운 실경을 발치에 내려놓는다. 졸졸졸이라는 의성어疑聲語가 벌써부터 해빙을 부르고, 연초록빛 산야는 일제히 몸을 부풀린다. 지난해에도 그랬고, 10년 전 20년 전에도 봄은 그렇게 왔다.

봄, 봄

봄은 '보다'의 준말이다. 사람들은 시각적 인식의 이 동사動詞를 명사화名詞化함으로써 볼거리를 그냥 지나칠 수 없다는 현재 진행형의 계절임을 암시하고 있다. 아니나 다를까, 봄의 나라에서는 완곡한 감탄사만을 주어主語로 삼고 있다.

잿빛 하늘과 추운 겨울을 건너온 산야는 그렇게 치장에 분주하다. 꽃소식이 등고선을 따라 북상하면서 마침내 따사로운 남촌 소식이 당도하자 시야는 더욱 풍성해졌다. 더불어 사람들은 움츠리고 있었던 흥을 돋우거나 삶의 밭갈이를 시작한다.

꽃이 피면 봄, 봄은 으레 꽃이라는 각인된 인식은 여름,

가을 꽃들을 압도한다. 여름, 가을 꽃들이 봄 꽃의 기시감既視感 속으로 묻혀 버리면서, 언제 그랬냐는 듯 빈 나뭇가지에 꽃을 피워낸 감동은 적어도 그 봄이 다시 오기 전까지는 유효할 것이었다. 봄은 낙원의 주권을 일으켜 세우는 계절이기 때문이다.

나는 어느 지면紙面을 통해 꽃에 대한 생각을 장황하게 늘어놓은 적이 있다. 그 일부를 옮긴다.

> "나는 꽃을 좋아한다. 좋아한다는 말 앞에 '아주'를 쓸까 하다가 꽃을 좋아하지 않는 사람이 세상에 어디 있으랴 싶어 '아주'라는 사족을 버리기로 했다. 이런 꽃에 대한 호·불호好·不好는 선택의 여지가 없으며 다만, 호 쪽에서의 취향만을 허용하기 때문에 꽃을 좋아하는데 있어 어떤 수식을 해도 그것은 꽃에 대한 경의를 표하는 아름다운 선호일 뿐이다.
>
> 그러므로 꽃은 낙원으로부터 초대받고 있는 낙원에서의 실과 바늘이다. 꽃이 없는 낙원은 이미 폐허나 다름없으며, 복숭아 꽃이 없는 무릉도원은 선경이 아니다." …하략

꽃이 지천으로 피어나 사방을 밝히면서 사람들은 생애의 가장 화사했던 절정기를 봄날에 비유한다. 봄에 대한

이러한 편애는 급기야 희망, 기쁨, 사랑 등 긍정의 의미를 헌사獻辭함으로써 봄의 영원성을 갈망하고, 여기에 욕심을 보태 '언제나 청춘' 쯤으로 해석되는 사시장춘四時長春을 입에 올리기도 한다.

그 말이 그 말일 터이지만 봄은, 사랑이 있는 곳에 봄이 있는 것이 아니라 봄이 있는 곳에 사랑의 꽃을 피우고 있는 것이다.

이렇듯 봄날을 희망이거나 사랑이라고 이름지을 때 그 출발선상에서 바라본 미래는 바로 낙원이었다. 나무가 자라면 숲이 우거지고 꽃이 지면 열매를 준비하듯 낙원은 스스럼없이 다가올 것이었다.

그렇게 봄날에 도취하여 시선을 고정하고 새로운 변화로의 진입을 주저하고 있는 사이, 마침내 꽃이 지면서 다가온 미래는 어처구니없게도 춥고 바람 몰아치는 고통으로의 회귀였다. 인간의 감성을 대신하던 화사한 상징성이 졸지에 사라졌다는 것은 불안의 징조임에 틀림없는 일이었다.

행복 총량의 축소

사람들은 생로병사生老病死로 구획된 운명에 순응하며 살아간다. 생, 노, 병, 사라는 네 음절이 각기 거느리고 있는 짧거나 긴 시간의 간격에도 불구하고 태어남과 죽음 사이에 설치된 무대가 바로 우리들이 살아가야 할 운명의 터전인 것은 분명하다.

이 생로병사는 일관된 방향으로 진행하다가 순서를 버리는 데 익숙하다. 태어나서 곧바로 죽음으로 직행하거나 또는 한자리 건너뛰어 병들어 죽는다. 이렇듯 횡橫으로 묶인 운명의 경로를 이탈하기도 하면서 사람들은 뒤죽박죽으로 생을 마감한다.

그렇다면, 생로병사 이 가운데 우리가 의탁할 봄날의 낙원은 어디에 숨어 있는가. 먹구름 사이로 언뜻 비추는 햇살 한 자락조차 허락하지 않을 저 삼엄한 네 글자의 행간 어디쯤에 봄꽃이 피어 있을까? 그것들이 삶의 아름다움을 예시한다 하더라도, 축복과 기쁨 속에 이 세상에 태어나 늙고 병들어 죽는다는 이 명료한 도식圖式 그 어느 틈에도 봄 기운은 스며들지 않을 것 같았다.

그러나 봄이 왔어도 봄이 온 것 같지 않다는 춘래불사

춘春來不似春의 그 봄이 다시 찾아온 것이다. 미세먼지가 시야를 가리고 코로나 역병이 숨쉬기를 방해하면서 눈, 코, 입이 거추장스러워진다. 냄새와 맛을 제대로 느끼기 위해서는 마스크를 벗어야 하는 복잡한 수속이 또 불편하다. 이렇듯 사람과의 관계망網이 아무런 대책없이 철거되고 단절과 폐쇄의 정적이 그 자리를 대신하기 시작한다.

사람들은 모두 말이 없다. 침묵은 무관심과 동일 계보系譜의 기피 증세이기는 하지만, 사람 사이에 와서는 경계와 긴장의 전류가 흐를 뿐이다. 거리에는 저승사자와도 같은 모습의 데드 마스크 행렬만 보인다. 마스크는 나의 속내를 차단하는 위장막으로의 활용도를 높이고 있다. 이제 반가움, 비웃음, 거부감, 놀람 등 사람만의 표현은 실종되었고, 거짓이든 진실이든 그것을 담고 있는 얼굴 표정은 살필 수가 없다.

마스크는 혁명의 도구로 둔갑하였다. 마스크가 생명보전을 위한 불가피한 가림막이라고 하더라도 인간 사회에 있어서의 유대감, 친밀감, 소속감의 단절은 물론 급기야 생활관습, 제도, 문화 전반에 일대 변혁을 요구하고 있다. 혁명의 보조기구든 집행수단이든 그것은 사람들의 행복의 총량을 확대하는 것이 아니라 축소, 약화시키고 사람 사이에 냉기만을 유포하고 있을 뿐이었다.

병로病老에 시달리는 사람들의 삶터는 흉년에 윤달이요, 기침에 재채기가 덮친 형국의 실낙원이 되었다. 결국 인간의 무책임으로 야기된 자연의 이반離叛이 낙원행을 저지함으로써 그토록 갈망하던 꿈과 희망은 아득히 멀어간다. 그 봄은 돌아온 탕아의 수심깊은 낯빛이었다.

소멸된 추억

그렇기로서니 약동을 앞세운 봄은 재래의 몸짓으로 사람들의 감성 인자因子를 자극한다. 순식간에 밤을 거두어 들이는 아침 햇살처럼 봄의 약동은 낙원의 입구에서 울리는 희망의 종소리였다.

그 봄에 만났던 단발머리 여학생의 모습이 기억의 틈새로 발돋움하는가 하면 먼먼 유년 시절이 그리움으로 다가오기도 한다. 이러한 추억의 편린들을 향수에 편입시켜 반추反芻한다는 것은 즐거움으로 인도하는 혼자만의 호사일 것이었다.

그것은 또한 누가 막아도 비켜서지 말아야 할 내일을 향한 희망의 통로였고, 예측 불가능의 혼돈의 소용돌이를 벗어나려는 암중모색일 것이었다. 나는 겹치고 겹쳐져서

흐릿해진 추억 하나를 채굴하여 낙원의 행방, 그 단서를 찾는 일에 나선다.

흑백의 화면이 고향마을로 옮겨진다. 그곳에는 낯익은 얼굴들과 초가마을 풍경을 배경으로 봄꽃들이 자지러지게 피어 있다. 흔들리는 누선淚腺 사이로 꽃다운 어머니와 누님들이 꽃과 함께 웃고 있었고, 논에 물을 대느라 바쁜 농부들이 벌써부터 곡조를 뽑고 있었다. 게다가 멱을 감던 시냇물가의 진달래, 개나리꽃까지 봄날의 절정을 완벽하게 재현하고 있다.

그러나 수십 년의 세월을 밀쳐내고 고향에서의 가슴 뛰는 시간을 단숨에 열어젖히는 일은 쉽지 않았다. 문득, 그때의 정취가 무사하지 않을 것이라는 불길한 예감이 들었고 단정하기는 이르지만, 어떤 터무니없는 사태가 나의 그윽한 눈길을 가로막고 있지는 않을까, 라는 짐작이 불안하게 다가왔다. 그렇다면 어색하고 낯설기만 한 고향의 풍경과 추억은 서로 대면할 수 없을 것이었다.

마침내 모든 사물들이 그때 그 자리에 있어야 한다는 믿음이 흔들리면서 풍경 또한 고색창연함을 지켜내지 못했을 것이라는, 이미 늦어버린 짐작이 조바심으로 다가왔다. 이러한 심리적 압박감을 방치할 경우 내가 수호해야 할 신성한 영역으로 한 발짝도 진입할 수 없을 것이라는 두려움 또한 감출 수가 없었다. 바로 오늘의 현실은 어제의 아름다운 추억이 서식할 수 있을 만큼 결코 너그럽지 않다는 자각이 그것이었다. 산천이 의구하기를 바라는 마음이야말로 시간을 역행하고 변화를 거부하는 실낙원으로 가는 길임을 바로 알아차린 것이다. 과거와 현재의 아득한 거리감이 나를 일깨운 것이다.

그랬다. 봄의 정서에 맞닿아 있는 고향은 오늘을 버리고 싶을 때마다 꺼내 보는 낡은 사진첩이었다. 봄날은 유년 시절에 기숙하고 있었고, 향수는 고향을 떠난 자가 꿈꾸는 낙원이었다.

그러함에도 이제 나는 두 눈을 감고 그 고향의 옛날을 찾아 그리움의 성소聖所로 향한다. 근시계近視界의 산녘에는 분홍빛이 물결을 이룰 것이고, 폭죽이 터지는 순간 멈춰버린 듯 만개한 벚꽃이 고향마을로 안내할 것이다.

잃어버린 고향

– 변화의 잔해, 실조의 풍경

고향은 그곳에 있었다. 그곳에 가기 위해서는 많은 세월이 흘렀으므로 녹슨 기억의 관절을 곧추세워야 했고, 미로를 찾아가듯 제법 비상한 다짐도 휴대해야 했다. 무엇보다도 그때 그 시절의 풍경이나 정서가 그대로 보존되어 있으리라는 기대감이나 설레임을 가급적 축소시키기 위해서 어떤 부담이라도 각오할 참이었다. 어차피 시간은 훼손과 소멸 쪽으로 이동했을 것이기 때문이다.

그런 의미에서라면 전혀 타향일 수밖에 없는 그곳에서의 낯섦에 대한 실망감이나 또는 추억의 징표를 찾지 못한다 해도 마음은 아프지만, 그 정도의 헛헛한 수고로움은 아무것도 아닐 것이었다.

하지만 고향에 산재해 있는 풍경은 과거에 있고, 유년의 추억은 오로지 나만의 것이라는 사실에 안도한다. 조심스럽게 밝히자면 그것은 이미 나의 추억의 원전原典에 쓰인 그대로였다.

낯선 고향

시골의 친구들은 대체로 면 소재지나 군청이 있는 읍내쯤의 초·중·고를 졸업하고 드물게는 대학이나 군입대, 취직 등으로 갈 길을 찾아 흩어진다. 개중에는 부모님 곁을 떠나지 않고 그대로 눌러앉아 일찍 결혼한 친구도 있어, 고맙게도 고향을 떠난 친구들의 소식통이 되기도 한다. 이렇듯 한마을에서 태어난 친구들은 10년 이상의 학교 길을 같이 한 동류同類의식에 충실하다. 한참 후의 일이지만 그런 추억의 공유는 수구초심首丘初心이라는 옛말을 떠올릴 만큼 우정의 깊이를 더해간다.

그러나 나는 아무런 연고도 없는 '그곳'을 고향이라는 이름의 지정석에 앉힌다. 아버지의 고향에서 태어났거나 선영先塋이 있어야 한다는 일반적인 고향의 구비 조건을 외면한 것이다. 게다가 입학도 졸업도 하지 않은 초등학교 3년의 짧은 인연이 전학轉學유랑 일곱 번 가운데 가장 오랫동안 거주했다는 것이 고향 선정의 이유였다. 그것은 부모형제와 상의할 일도, 각 학교 친구들끼리 모여 공론에 의해 채택하여 선정할 일도 아니었다.

돌이켜보면, 고향이 없다는 것이 살아가는 데 있어 특별한 결격으로 작용할 것이 아님에도 내 임의로의 고향 선정은, 네댓 살부터 진행되던, 태어난 곳에서부터의 기억들이 슬그머니 사라진데 대한 어떤 대신이었을 것이다. 그게 아니라면 모든 낯섦으로부터 하루빨리 벗어나야 한다는 눈치 빠른 전학생의 강한 적응노력이 깊게 각인되었기 때문일지도 모른다.

고향마을에는 벌써부터 속수무책의 조짐들이 가득했다. 퀴퀴한 냄새가 풍기는 분위기가 그러했고, 시야는 난조亂調 속에 초점이 흔들린다. 옛길을 물리친 아스팔트길 위로 자동차들이 바삐 지나가고 학교 앞 저수지였던 곳은 커다란 건물들이 점령군처럼 들어서 있다.

일말의 기대는 파기되었고, 예상했던 실망감은 예상대로 전개되고 있었다. 3년을 살았다는 고향으로서의 어떤 단서도 찾을 수 없는 실조失調의 풍경이 눈 앞에 펼쳐진다. 거대한 건물군群 앞에 나는 '관청 촌닭'이 되어야 했고, 촌닭에게는 방향 감각조차도 작동이 허용되지 않았다.

그때 아버지의 직장을 따라 유목민처럼 돌아다니던 열서넛 식솔들이 이제 대여섯으로 줄어들고 친구들의 얼굴은 물론 이름조차 쓸려간 이 재앙적 사태는, 고향에 대한 곰삭은 추억과 봄날의 낙원과는 일찍부터 결별한 것이 분명해 보였다.

버려진 꿈

곡선의 논뚝길과 골목길은 한결같이 직선을 고집하고 있었고, 싸리문은 철대문으로 바뀌어 옛주인에게까지 완강한 적의敵意를 보임으로써 텃세의 주인이 바뀌었음을 여실히 확인해주고 있다. 딱지치기, 자치기, 고무줄놀이, 제기차기로 떠들썩했던 학교 교정도 마찬가지였다. 현대식 3층 건물의 텅 빈 교실에는 최신의 영상 전자기기가 세상이 바뀌었음을 말해준다.

술 냄새가 코를 찌르던 양조장집 앞마당은 외래 이름의 미끈한 커피 가게가 잘난 척 버티고 있고, 골목길 초입의 희망 이발관은 오랜 인내 끝에 희망을 버렸다는 듯 흔적을 남기지 않음으로써 '봄날의 자취'는 약속이나 한 듯 모두 사라졌다.

나는 지금 고향마을에 와서 추억을 낭비하고 있음이 분명했다. 어떤 티끌만 한 감정도 내려놓을 수 없도록 뻔뻔하게 변해버린 고향에 와서 더이상 추억의 글 밭을 일구어나갈 수 없는 무력감에 빠진다.

고향마을이 내게 보여준 이러한 서사적敍事的 풍경은 차라리 환시幻視이거나 변심한 애인의 뒷모습이었다. 3년간의 유년 시절과 그로부터의 소소한 추억들은 더 이상 꽃을 피울 수 없는 고사목이 되었으므로 폐기되어야 한다는 사실이 눈물겨울 뿐이다.

그랬다. 시간은 문명의 발달과 문화의 진보를 등에 업고 빠른 유속流速으로 미래를 향해 흐르고 있었다. 시간은 그렇게 굽이치면서 흐르다가 강안江岸에 변화와 부재를 하역荷役하고 있었던 것이다.

문득 도망친 곳에 낙원은 없다는 말이 생각난다. 도망치듯 떠났거나 도망쳐서 찾아온 것은 아니지만, 이곳이 낙원이 아니라면 내가 다시 갈 곳도 낙원이 아니라는데 절망한다. 풀 한 포기 자라나지 않는 황무지를 복福낙원으로 꾸미겠다는 의지는 그야말로 일장춘몽의 꿈 밖의 척박한 현실로 다가왔다.

아무런 걱정이 없는 미래를 감동으로 탄주彈奏하겠다는 꿈은 무너졌다. 돌이킬 수 없는 열패감이 스스로 채운 족쇄였다 하더라도 이를 피할 수는 없는 일이었다. 실낙원으로부터의 도피는 실낙원을 맴도는 공회전空回轉의 반복이었음을 뒤늦게 알아차린 것이다.

이쯤해서 나는 혼자만이 꿈꾸던 어제를 오늘에 대입시키려는 시도가 무위로 돌아갔음을 시인한다. 단지 꿈의 한 자락이었을망정 유년 시절을 수놓았던 화사한 봄날의 기억들이, 있어도 그만이고 없어도 괜찮은 실용의 문제가 아니었다는 것이 다행일 뿐이다. 그것은 누구에게도 발설할 수 없는 내 정신적 위안이었기 때문이다.

실재와 실존의 부재

낙원으로부터 버림받은 실낙원에는 아직도 칼끝 언어의 팽팽한 긴장감이 지뢰밭처럼 깔려 있을 것이다. 일상의 희로애락의 감정을 나눌 수 없는 분위기에서 비대면, 집콕이라는 생소한 말들이 강제된 힘으로 기승을 부리고, 무관심과 무표정의 이웃들도 모두 떠난 뒤였을 것이다.

나는 이제 더 이상 나아갈 수도 물러설 수도 없는 주저

와 혼돈 앞에서 미아의 심정을 읽는다. 추억을 확인하고 공감할 대상이 없었다는 것이 그렇고, 집과 길과 나무가 있었던 자리에 낯선 구조물들이 뒤엉킨 요란함이 그렇고, 긴긴날 동안 그리워했던 풍경들이 그렇게 사라져버린 소리 없는 허상이었다는 것이 서글펐다.

낙원에의 꿈은 내가 만든 함정이었다. 캄캄한 밤길의 세상은 바라볼 불빛조차 없는 적막강산이었고, 요소요소에 잠복해 있을 낯익은 기억들은 오랜 시간에 떼밀려 매몰되었는지 흔적조차 없다.

잎들은 벌써 지고 눈보라 치는 겨울의 추위를 느낀다. 나뭇가지에 자주 걸리던 달그림자도 이 막막한 사태를 지켜볼 수 없다는 듯 그 밤의 뒤에 숨어 있다. 봄이 왔다 간 것인지, 다시 돌아올 것인지의 기대나 바람이 한꺼번에 무너져 내린다. 사람들도 모두 제 갈 길로 가 버린 뒤였다. 자취는 그렇게 감추어진 채 흔적도 없었고 낯선 분위기가 그 자리를 절망처럼 대신하고 있었다.

이제 나는 발길을 옮긴다. 모든 그리운 것들의 부재를 확인하고 떠나는 무정처의 발길은 무겁다. 임의로나마 지정했던 고향을 찾았을 때의 설렘은 떠날 때의 아쉬움과 상쇄되지 않았다. 그것은 판독이 어려운 낭패감이나 외로움일 것이었다.

그렇다고 이제와서 나는 새로운 고향의 선택을 마음에 두지 않는다. 모든 아름다운 추억들이 위기를 맞이했다고 해서 매정하게 돌아선다는 것은 그토록 정겹던 풍경과 유년 시절이 언제나 내 인생의 석기시대에 머물러 있어야 한다는 지론持論을 버리는 일이 되기 때문이다. 고향도 아닌 고향을, 고향으로 지정한 그곳이 낙원행의 시작이며 끝임을 믿기 위해서인데, 그곳이 설령 낙원이 안착할 수 없는 불가역不可逆의 영역이라 하더라도 유년의 추억은 그 온기만은 따뜻하게 간직해야 했기 때문이다.

돌이켜보면 애초에 낙원은 없을 것이었다. 낙원은, 구원의 성지로 인식하는 순간 온전한 실낙원의 실체를 보여주었을 뿐이며 그러므로 나의 낙원행은 스스로 만든 도피처였을 뿐이다.

그러나 고향은, 실재와 실존이 떠나고 고적감만이 낭자한 실낙원이었다. 내 마음의 한쪽에서는 결코 이루어질 수 없는 '급구急救고향'이라는 간절한 마음의 깃발이 온몸이 떨리게 휘날리고 있으니 이 쓸쓸함은 무엇을 의미하는가.

2

세상의 두 개

수數에는 홀수와 짝수가 있다. 단순하게 봐도 홀은 미완의 형태로, 짝은 완성의 수로 이해된다. 따라서 짝은 상대의 개념으로 존재한다. 하늘과 땅, 남자와 여자, 사람의 감정인 기쁨과 슬픔 등은 배척의 대상이 아니라 동반의 대상이다. 세상은 모두 짝으로 존재한다.

오른손 · 왼손

– 차별과 공존

인체의 모든 부분은 꼭 있어야 할 제자리에서 안성맞춤의 기능으로 존재한다. 이런 인간의 몸체야말로 자연의 진화에서든 신의 손끝에 의한 것이든 위대한 피조물인 것만은 틀림이 없다. 그 가운데 손은 문화창조의 일선에서 만물의 영장이 사람임을 확인해 주고 있다. 미세한 감정의 흐름에도 혹은 일상의 결마다 주저 없이 동원되는 손은 타인을 친화로 이끄는 최초의 관문이면서 거부와 폭력의 앞자리에 서기도 한다.

또 손은 눈과 표정의 일치된 의사결정에 순응한다. 가

끔은 마음에도 없는 표정을 손으로 전달하기도 하지만 '수족과 같이 부린다'는 말이 있듯이 나의 손은 내 의사대로 모든 행동의 출발점이 되어 그것의 전부를 이끈다. 그러므로 나는 손이 가지고 있는 기능의 다양성과 상징성의 대강을 이 문장의 첫머리에 올린다.

다섯 개의 용졸用卒

손은 각각 다섯 개씩의 용졸을 거느리고 주어진 임무에 어긋남이 없다. 긍정과 만족의 엄지 척이 있고 사물을 가리킬 때는 검지가 있으며 약지는 무명지라 하여 결혼반지의 호사를 누리면서 한편으로는 유혈의 희생을 자처하며 혈서를 쓰기도 한다.

새끼손가락은 변치 않는 약속을 다짐하는 상대와의 손가락을 거는 용도로, 또 중지는 외설스럽게도 세계 공통으로 욕설의 의미를 부여받았고, 이 모두를 합한 열 손가락을 동원하면 손이 말로 변하는 수화手話가 된다. 두 손이 합세하여 만든 몸의 언어는 또 있다. 환영과 격려의 박수가 있고, 두 손으로 상대를 포옹하면 최상의 친근감, 또는 위로의 표시가 된다.

표정과 몸짓, 손으로만 이야기를 꾸려나가는 무언극은

원시시대의 흉내내기이다. 인간은 말을 하기 전 의사소통의 각종 부호들이 손을 통해 보편성을 띠면서 자연스럽게 자신의 감정표현으로 받아들였을 것이다. 눈짓으로 대표되는 얼굴 표정, 손짓, 몸짓 등 이 '짓'이 이른바 말이 있기 전의 행동언어였다.

손의 자유는 그렇게 찾아왔다. 손으로 의사를 전달할 수 있었고, 도구를 만들었고, 불의 사용이 진화의 마지막 단계였을 것이다. 그러므로 손은 인간의 존재 그 자체이다. 기본적으로 인체는 뇌의 판단과 지시에 따라 신체의 전부를 통합, 조종하지만, 손은 모든 감각기관의 최종 결정에 의한 해결기능을 보유하고 있다.

나는 그런 손에 대한 통합적 시각에서 벗어나 두 손이 가지고 있는 개별적 이데올로기를 찾아 나선다. 다수와 소수, 그것의 핍박과 자유, 강자와 약자, 혹은 차별과 평등의 문제로까지 접근해 보는 것도 의미를 높이는 일일 것이기 때문이다.

인간에게 있어서 오른손과 왼손은 각기 사용 빈도에 따라 오른손잡이, 왼손잡이로 구분한다. 사전은, 오른손잡이는 오른손을 많이 사용하고 왼손잡이는 왼손을 많이 사용한다는 당연한 사실을 당연하지 않은 듯 정의해 놓고 있다. 그러나 왼손잡이는 왼손잡이라고 부르지만 오른손잡이는 굳이 오른손잡이라고 하지 않는다. 다수가 오른손을 사용하고, 다수가 사용하는 것은 정당한 것으로 오래전부터 인식되고 있기 때문이다.

오른손은 옳은 손이며 그래서 올바른 손이다. 왼손의 '왼'은 마음이 꼬여 있거나 비뚤어져 있다는 '외다'에 기원을 두고 있는데, 왼손잡이는 이 부분에서부터 불만이다. 한 몸통을 중심으로 대칭으로 존재하는 오른손과 왼손의 차이를 옳은 것과 그른 것으로까지 확대 왜곡하는 것은 처음부터 왼손잡이에 대한 핍박의 빌미로 삼겠다는 저의라며 불쾌한 감정을 버리지 못한다.

유서 깊은 왼손 차별

오른손잡이가 왼손을 사용하면 거북스러워 곧바로 포기한다. 왼손잡이의 오른손 사용도 마찬가지다. 서로가 갈 수 없는 길임을 곧바로 알아차린다. 세상은 이미 오른쪽으로 치우쳐 오른손 위주의 편리성을 갖춘 지 오래였다. 생활 도구뿐만 아니라 공공시설 등 모두가 오른손 사용의 원칙으로 기울어진 상태에서 대한민국 인구 5%의 왼손잡이의 힘으로는 오른손 문화의 벽을 넘을 수가 없다.

공평하지 못한 신체 기능의 역설적 구조가 천형天刑처럼 되어 버린 왼손잡이는 자신들에 대한 차별의 족쇄가 오른손잡이에 의해 채워진 것임을 숨기지 않는다. 교육이라는 강제된 힘이 그것이다. 기원전 1백 년쯤의 중국의 경전에 '아이가 밥을 먹을 수 있게 되면 오른손으로 가르쳐라'(禮記內則)는 유서 깊은 교육 지침은 조선조의 어린이 교과서(小學集註)로까지 줄기차게 내려온 것이다.

이러한 오른손 선호 사상은 필경 왼손의 무시, 경멸로 이어진다. 한창 주흥酒興이 무르익어가는 술자리에서조차 왼손으로 술을 따르거나 술잔을 받는 것은 분위기를 깨는 금기사항이 된 지 오래다. 왼손은 오른손을 거들 뿐 제대로 된 주체적인 사용 권한이 없다.

조선 정조 때 박지원朴趾源(1737~1805)은 피폐한 조선 사회에 활력을 불어넣기 위해 실용주의를 주장하던 학자였다. 백성들이야 굶주리든 말든 유교적 규범만을 떠받들던 시대에 박지원은 풍요로운 이상 국가를 건설한다. 그가 쓴 소설 「허생전」의 주인공 허생을 통해서이다.

글만 읽던 허생은 가난을 못 견딘 부인의 성화에 집을 나와 한양의 부자 변씨에게 거금을 변통하며 매점매석의 기발한 방법으로 큰돈을 번다. 그는 이 돈으로 변산의 굶주린 도적 수천 명을 무인도로 데려가 의식주 걱정 없는 이상촌을 건설한다. 그러나 실사구시實事求是의 뜻을 이룬 허생은 두 가지를 당부하고 무인도를 떠난다.

하나는, 하루라도 먼저 태어난 자가 먼저 밥을 먹게 하고, 또 하나는 아이가 태어나 밥을 먹게 되면 수저를 오른손에 쥐게 하라는 것이었다. 굶주림에서 해방된 주민들의 절대 추앙을 받던 허생의 단 두 마디는 무인도의 법이 될 수밖에 없을 것이었다.

먼저 태어난 자가 밥을 먼저 먹도록 한 것은 선후를 엄격히 구분한 당대의 법도인 장유유서長幼有序의 정신을 강조한 것이다.

연장자인 윗사람에 대한 공경, 효, 경로, 예절 등의 가치를 포괄하고 있는 장유유서는 그 사회를 운용하는 순서와 복종의 질서 유지 수단이었다. 박지원이 살던 시대의 연장선상에서 허생의 이상촌이 존재했던 것이다.

오른손 사용을 강조한 것도, 왼손 사용을 장애로 규정했던 시대에 구성원 간의 원활한 관계 유지와 아이들이 커서 받을 고충을 배려한 가르침이었을 것이다. 허생이 강조한 첫 번째는 사람의 기본 도리에 대한 정신적 가치의 강조라고 한다면 또 하나는 이를 위한 바른 몸가짐의 기본을 제시한 것이다.

왼손잡이의 반란기도

그러나 오른손잡이가 보더라도 왼손 사용 금지는 이상촌의 수칙으로 고개를 갸우뚱하게 한다. 이 손으로 숟가락을 들고 저 손으로 밥을 먹든 편안한 대로 제 손을 쓰지 못하는 왼손잡이의 심사는 더욱 어둡다.

오른손과 왼손의 사용 빈도를 우열 관계로, 다수의 소수에 대한 핍박과 차별의 대상이 된 왼손잡이는 견고한 왼손 배척 문화를 극복하지 못한다. 오른손 사용의 빛나는 투혼으로 양손잡이로까지 진출한 왼손잡이의 성공 사례도 있지만, 5% 안에서의 소수점 가지고는 이 또한 어떻게 해 볼 여력이 없다.

상시로 차별에 노출되어 있는 왼손잡이들이 영국을 중심으로 마침내 매년 8월 13일을 '세계 왼손잡이의 날'로 정한 것은 그동안 숨죽여 왔던 차별 해소의 출구 모색이었다. 그러나 인류의 출현 이래 최초의 왼손잡이 홀로서기 항해에 또 다른 암초가 불안한 진실로 다가온다. 왼손잡이는 오른손잡이에 비해 교통사고를 당할 확률이 여섯 배, 운전 중 사망 가능성이 네 배라는 것이다. 교통 관련 시스

템이 오른쪽으로 치중되어 있거나 오른손 구조 운전 기기의 불편함이 사고의 원인일 것이었다.

특히 왼손잡이는 오른손잡이의 비해 평균 수명이 9년 정도 짧다는 그쪽의 조사 결과는 왼손잡이의 왼손 사용 포기를 종용하는 압박이나 다름이 없다. 마치 오른손잡이로의 투항의 기회를 주겠다는 투이다.

9년을 더 산다고 해도 오른손잡이로 전향할 수 없고, 대칭으로의 존재로도 인정하지 않는 현실에서 왼손잡이의 목소리는 가냘프다. 이런 상황에서 장애인, 노인, 임산부 등의 보호법에 왼손잡이를 포함시키자는 법 개정 요구(2003년)가 받아들여지지 않은 것은 왼손잡이에 대한 사회적 배려가 아직은 기대하기 어렵다는 뜻이기도 하다. 바로 우리나라의 이야기다.

최근에는 공공시설에 왼손잡이가 사용할 수 있는 물품의 비치와 공간의 설치 등 '왼손잡이 기본법'이 발의(2020. 6)되었으나 이 또한 휴지가 된 적이 있다. 소수 의견이 합리성을 가진다 해도 평등의 원칙이 묵살 당하는 불평등은 계속되고 있다.

오른손과 왼손은 긍정과 부정이 아니라 대등한 위치에서의 상호보완 관계이기도 하다. 오른손이 활동과 기능의 폭이 넓어 오류에 흐르기 쉽다면, 왼손은 결정적 용도의 부름에만 따른다.

왼손이 없으면 오른손의 기능은 반감되거나 무너진다. 물건은 어떻게 들며, 벽에 못은 한 손으로 박을 수 없고, 안타깝지만 조상님 영전에 절도 할 수 없으며, 기도는 진정성이 없는 구두선口頭禪으로 끝날 것이다.

세상일이 그러하듯 인간은 자신의 의지대로 살 수 없다. 좋은 일과 궂은일이 교차하고 희열인 듯싶으면 나락이 오고 그러다가 어떤 계기에 회생하기도 한다. 그러나 그것들은 순환구조에 의해 주기성을 띠는 것이 아니라 주어진 환경, 조건, 노력, 기회 등에 의해 변화로 이끌 수 있다. 그렇지만 한번 들어선 왼쪽의 길은 이 모든 것을 합쳐도 우회전이 어렵다는 데 왼손잡이의 고민이 있다.

세자빈 간택시험

한반도의 주산主山인 백두산에서 남쪽을 바라보면 해가 뜨는 동쪽은 왼쪽이며 양陽이고, 서쪽은 오른쪽이며 음陰이다.

이에 따라 남자는 양, 여자는 음 그리고 왼손과 오른손, 하늘과 땅, 낮과 밤 등이 음양으로 분류된다. 자연현상뿐 아니라 존귀함과 미천함, 능동과 피동, 위와 아래 등등 처해 있는 환경이나 물질의 구조, 성질 등의 대비에 따라 구분되는 것이 주역에서의 음양설의 골간이다.

그러나 이 음과 양은 대립과 배타를 버리고 서로 밀고 당기는 틀 속에서 균형과 조화의 공동선을 추구한다. 따지고 보면 한쪽의 존재는 다른 한쪽이 존재함으로써 존재하는 서로에게 있어 절대의 존재인 것이다.

조선 선조 때의 문신 정개청鄭介淸(1529~1590)은 이 음양설을 차용, 왼손잡이에게 희망과 위로의 메시지를 던져준 적이 있다. 우존좌비右尊左卑에 대한 인식 전환의 시도였을 것이다.

> "양은 존귀하고 음은 미천하다. 미천하면 부지런히 일을 하고, 존귀하면 편하게 쉬는 것이 자연의 이치다. 손을 사용할 때도 오른손이 부지런히 일을 하고 왼손은 편히 쉬는 것이다" 〈愚得錄〉

왼손이 처한 상황이 개선되지 않은 채 존귀하고 당당하다는 몇 줄의 글로 왼손잡이에 대한 사회적 냉대가 사라질 리 없다. 좌의정이 우의정보다 직위가 높다고 해도 왼손잡이를 좌의정으로 임용하는 파격이 없었던 이상 왼손잡이에 대한 위로와는 전혀 연관이 닿지 않는다. 애초부터 사회적 제약의 틀을 벗어날 수 없는 왼손잡이는 정개청의 왼손잡이에 대한 호의와 예찬에도 감동은 없다.

정개청이 죽은 지 얼마되지 않은 때였다. 양반 가문의 안술安述(1596-1655)이라는 사람의 딸이 세자빈 후보로 오르는 일이 있었다. 그러나 안술은 자신의 딸이 세자빈으로 간택된다는 것이 경사가 아니라 집안이 망할 것이라는 불안감에 어떻게 하든 피할 궁리를 한다. 수많은 권력자들이 죽임을 당한 사화士禍의 뒤끝이라 그 잔혹상을 알고 있는 터에 임금과 사돈이 된다는 것은 스스로 불길로 뛰어드는 일이라 생각했을 것이다.

안술은 딸에게, 음식을 주면 왼손으로 먹도록 신신당부를 한다. 왼손으로 음식을 먹는다는 것은 가정교육의 기본이 되지 않았다는 것을 말해주고 있는데, 안술의 딸이 세자빈 면접시험에서의 탈락은 당연한 결과였다.

왼손잡이는 오늘에 와서 넘어야 할 고비를 헤아리지 않는다. 어쩌다 왼쪽으로 들어섰는지, 오른손 사용을 위한 노력은 했는지조차 까마득하다. 만일 오른손 사용을 위해 작은 노력이라도 게을리하지 않았다면 그것은 오른손 사용의 또 다른 동력이 되지 않았을까라는 얼토당토않은 아쉬움만 들 뿐이다.

이런 처지를 달래기 위해 교회를 찾아 간절한 마음을 펼쳐 놓고 싶으나 이 또한 민망한 일이다. '오른손이 한 일 왼손이 모르게 하라'는 노골적인 왼손 기피의 성경 말씀이 귀에 거슬리기 때문이다. 말씀인즉슨 선한 일을 하고 이를 자랑하거나 우쭐대지 말고 겸손하라는 뜻일 텐데도, 왼손잡이에게 있어서는 다만 자라와 솥뚜껑이 똑같은 두려움의 대상일 뿐이다.

좌우지간左右之間 누천년이 지나는 동안 개선되지 않은 이 차별의 벽을 언젠가는 뛰어넘을 것이라는 기대감이라도 가질 수밖에 없다. 왼손잡이에게 있어서의 '기대감'은 두말할 필요도 없이 공존이다.

"모든 사람은 오른손잡이로 태어난다. 그러나 가장 위대한 사람은 그것을 극복한다"는 왼손잡이들의 반어법적反語法的 구호가 눈물겹다. 오른손 위주의 세상을 긍정하는 한편으로 왼손의 서러움과 체념이 담겨있고, 그러므로 왼손잡이가 평등하게 살 수 있는 그날을 위해 노력한다는 다짐이 큰 울림으로 다가온다.

나는 그동안 오른손을 너무 혹사시켰다.

고요 · 소음

– 소리의 야만성

세상이 시끄럽다. 불쾌하고 듣기 싫은 소리들이 귓전을 떠나지 않는다. 귀로 듣는 소리뿐 아니라 눈으로 보는 시끄러운 소리도 있다. 이른 아침 조간신문이 쏟아내는 사건, 사고, 내로남불 행태 등등은 시끄러운 소리에 단련된 귀와 눈을 갖고 있지 않고서야 웬만한 참을성으로는 비껴가지 못한다. 이런 소리의 야만성은 염치와 예의와 이성을 마비시킬 뿐이어서 건강에 해롭다는 것이다.

시끄러운 소리는 분열과 갈등의 토양에서 생성된다. 주장이 첨예하여 시비를 가릴 수 없는 상황에서 상대에 대한 제압의 욕구가 강하면 강할수록 소리는 폭발성을 가진다. 그 소리의 절정에는 폭력이 있으며, 시끄러운 소리 자체는 그래서 다툼의 전장戰場이 된다. 그러므로 시끄러운 소리에 섞이는 사람들이 만들어내는 소리는 끝내 소란, 소동의 진앙지가 된다.

욕망의 파열음

시끄러운 소리는 욕망과 욕망이 부딪히는 파열음이다. 본능만이 활개를 치던 인류 태동기의 유전인자가 진화를 외면한 탓인지, 아니면 생존경쟁의 치열함이 시끄러운 소리를 잠재우지 못하고 있는지 날이 갈수록 그 파열음이 빚어내는 토사물은 지천에 널려 있다.

시끄러운 소리로부터 시작된 다툼, 폭력, 살육 등의 악순환은 사람들 스스로 무덤을 파는 결과를 낳고 있다. 참담한 사실은 이러한 전래傳來의 끝이 언제인지 아무도 모르고 있다는 것인데, 아마도 이 파열음은 인간이 존재하는 동안 피할 수 있는 방도는 없을 것이었다.

"시끄러운 소리에 관용을 베푸는 것은 우둔한 기질과 사상의 결여를 뜻한다"는 밑도 끝도 없는 알쏭달쏭한 말에 나는 크게 공감한 적이 있다. 독일 철학자 쇼펜하우어

(1788~1860)의 말이다.

쇼선생의 이 명언의 출전出典은 기억에 없지만, 시끄러운 소리에 대한 관용이 '사상의 결여'까지는 몰라도 '우둔한 기질'을 의미한다는데는 귀가 번쩍 띄는 대목이었다. 막연하지만 우둔함을 그대로 방치해서는 세상을 똑바로 걸어갈 수 없을 것 같았기 때문이다.

나는 한때 이 우둔함을 떨쳐버리기 위해 열중했다. 세상의 시끄러운 소리에 왜 그토록 과민반응을 했는지, 아무튼 결과는 실패였다. 실의와 좌절이 청년기로의 순탄한 진입을 방해하던 때가 있었는데, 그것을 극복한다는 내 나름의 방식이 문제였다.

그것은 시끄러운 소리에 귀를 세우고, 시끄러운 소리로 대응하는 일이었다. 그때 내 생각의 시작과 끝은 온통 시끄러운 소리로 채워져 있었다.

목은 쉬었고, 갈증은 느낄수록 벽은 높아만 갔다. 어찌할 바 없는 그쯤에서 되돌아보니 그것은 전혀 내 의도와 무관한 방향으로 전개되고 있었다.

우둔함을 버리는 일이 우둔함의 수렁에 빠지는 역설의 상황에 처하게 된 것이다. 나는 시끄러운 소리를 내는 일에서 황급히 하차하였다. 결국 시끄러운 소리에 관용을 베풀기로 하고 본래의 우둔함으로 돌아온 셈인데, 돌이켜보면 이 인지부조화認知不調和의 사태를 스스로에게도 어떻게 설명할 수 없었다.

이제 시간이 많이 흘렀으므로 우둔함은 조금 순치된 듯싶었다. 순치가 아니라 체념이거나 정상적인 상태로 근접한 것일지 모른다. 그러나 의식의 한구석에 그 흔적이 아직껏 흉터처럼 남아있다는 것은, 단 몇 줄의 내 측은한 언어로 젊은 날의 민낯을 가릴 수 없기 때문일 것이었다.

부끄러운 고백이지만 나는 대체로 참지 못하는 급한 성격을 감추고 있는데 여기에서의 '우둔함'과 젊은 날의 '민낯'이란 인내심 부족의 솔직한 토로일 것이었다. 가령 대책 없는 배고픔에 맞닥뜨렸을 때, 첫 순갈의 밥알들이 입속을 지나 부랴부랴 배고픔을 제압해나가는 쾌감은 잊지 못하면서, 정작 자신의 미래에 대해서는 언제나 기갈에서 헤어나지 못했기 때문이었다.

사람이 먼저라고?

사람들은 자신의 사고, 행동, 언어, 표정에서 이미 소음을 예비하고 있다. 말의 강약, 고저, 그리고 대화의 상대에 따라 차이는 있지만, 이야기의 주제로 옮겨가면 옳고 그름, 주장과 설득의 시시비비 사이에 감정이 끼어들어 목소리는 마침내 증폭增幅의 수순을 밟는다. 이러한 인간 사회에서의 갈등과 다툼의 표출은 근원적으로 소유에 대한 욕망의 변형된 표현일 것이다.

이 소유욕으로부터 출발한 시끄러운 소리의 곁에는 양보와 배려가 다가설 수 없다. 소유는 생존과 맞닿아 있는 절박성을 띠고 있는데, 무소유는 이 만성慢性의 결핍을 해결해 주지 못하기 때문이다.

이러한 사태의 지속은 "목소리 큰 놈이 이긴다"는 속설을 신봉하는 자들의 득세와 무관하지 않을 것이었다. 그들은 몰상식을 동원하여 상식을 매도하고 불변의 가치조차 다수로 재단하는 무소불위의 힘을 자랑한다. 내로남불이라는 낯뜨거운 단어의 조합을 보통명사로까지 승격시키고 바야흐로 소음시대의 주역으로 등장한 그들이 내뱉는 데시벨dB(소리의 강도)에 따뜻한 저음이 있을 리 만무다. 권력이든 재물이든 소유의 문제에 관한 한 그들에게 있어 배려는 굴종을, 양보는 욕망의 포기일 뿐이기 때문이다.

시끄러운 소리는 '먼저' 더 많은 것을 차지하기 위해서 쏟아내는 불협화음이다. 이 구도에서 탈락한 '나중'은 수단과 방법을 가리지 않는 '먼저'를 따라잡기 위해서 아우성을 치지만, 실패와 열등은 '먼저'에서 낙오한 자들의 몫이므로 그들은 다시 절치부심의 목소리를 키운다. 결국 시끄러운 소리는 참을 수 없는 자의 몫이었다.

'먼저'의 독선과 독주는 선악과 공정·불공정의 구분을 오도하여 급기야 우리 사회가 지향해 마지않는 가치체계를 교란하고 있다. 아무리 발꿈치를 들고 안간힘을 해도 집 한 채 장만하기 어렵고, 그들의 사냥감이 되어 버린 상식은 빈사 상태에 빠졌다. 도대체 배려와 양심과 상식을 앞세운 '먼저'로 가는 지름길은 어디에 있다는 것인가.

이 부분에 와서 나는 "사람이 먼저다"라는 구호와 마주한다. 사람이 먼저라고? 나는 불경스럽게도 사람이 먼저가 아니라 나중이었나?라는 의구심이 들었다. 그러나 그즈음 영화 속의 대사로 유행하던 "뭣이 중헌디"의 답과 같기도 한 이 정치 슬로건에 사람들은 환호했다.

나는 사람이 먼저라는 말의 구성부터가 이해난難이었다. 사람이 동물보다 먼저라든지, 하는 등의 비교 대상이 빠져 있는 등 전달 의미로서의 구체성이 없다는 점이 그것이었다. '사람과 먼저' 사이의 어간語間이 허전한 것은 어떤 철학적 함의含意가 있는 듯싶기도 한데, 그게 바로 무엇이냐는 것이다.

가치체계의 교란攪亂

사람 중심의 세상은, 사람을 모든 가치의 윗자리에 두고 사람다운 삶을 살게 하겠다는 약속의 제시 정도가 정답에 가까운 것이라 해도 나는 여전히 말뜻을 헤아리지 못한다. 이 막막함은 어디에서 비롯된 것인가. 너무 현학적衒學的이어서인가. 그게 아니라면 '나라 말싸미, 어린 백성이 이루고자 하는 바를 펴지 못해서'인가.

이 정치 슬로건은 알 듯 말 듯한 선문답으로 위장한 집단최면의 용어였다. 그 정체를 읽기까지 오랜 시간이 걸리지 않았다. '사람이 먼저'는 내 사람이 먼저였고 내 편이 우선이었다. '사람이 먼저인 세상을 꿈꾼다' 또한 비몽사몽간의 공소空疏한 독백이었다. 나는 일찍이 알아차리지 못한 무지몽매를 그제서야 깨닫는다.

'사람이 먼저'란 말은 19세기 후반 러시아의 소위 인민주의자들이 사용하던 구호였다. people first, 그 후 중국의 모택동, 그리고 북한의 입을 거친 케케묵은 대중선동 구호로써, 이들 공산국가들의 과거와 현재를 살펴보면 '사람이 먼저'는 누가 뭐라 해도 차용할 구호가 아니었다. 그러나 지나고 보니 의도한 바가 있는 구호였다.

사람이 먼저인 세상에는 달라진 것들이 많았다. 열거할 수 없는 성비위, 부정부패는 다반사였고 상대를 가리지 않는 막말은 시정잡배의 수준이었다. 그들은 선거 때가 되면 가련하게도 국민을 상전인 듯 섬기겠다며 표를 구걸하였으나 처지가 바뀌자 표변한 것이다. 갑이 을이 되고 을의 갑질이 세상을 시끄럽게 만들고 있는 것이다.

자신들에 대한 비판과 충고가 듣기 싫다고 백 살이 넘은 원로교수에 대해 늙으면 죽어야 한다(오래 사는게 위험하다?)며 악담을 쏟아냈고 다른 이는 국회의장에게 GSGG라는 입에 담기 민망한 쌍소리를 퍼부었다.

이들은 모두 '사람이 먼저'라는 완장 부대의 일원이었고, 역사의 수레바퀴를 거꾸로 돌리는 부족 집단의 구성원으로서 하나는 변호사, 또 하나는 국회의원이었다. 나는 이들에게 사람이 먼저가 아니라, 먼저 사람이 되라는 충고와 함께 강한 악센트의 KSKK라는 욕을 준비하고 있는데, 욕을 건네줄 대상자가 점차 증가함에 따라 별도의 선발기준이 필요할 것이었다. 가령 개전의 정이 있는지, 사람이 되기는 틀린 자로 양분하더라도 이와 같은 불가촉 부족원이 점점 증가하는 추세여서 인간 구실을 하지 못하는 자가 훨씬 많을 것이기 때문이다.

그보다는 이들 개차반 인사들을 이 나라에서 언제까지 보유하고 있을 것인가,라는데 있다. 인간 개조를 위한 별도의 법을 만들든지, 여러 설왕설래 방법 가운데 그중 강력한 격리 교육이 우선 필요하다는 것을 보면 응답자 대다수는 '삼청교육대'를 연상하고 있는 듯했다.

사공이 많아 배가 산으로 올라가는 것은 말릴 수 없다. 항로는 바닷길이지만 숫자의 힘만 믿고 본령本領 이탈을 괘념치 않는 이들을 어찌할 것인가. 난파로 가는 예정된 길임에도 배는 산으로 올라가고 있다.

그리하여 가진 것을 지키기 위해 시끄럽고, 갖고 싶은 것을 더 갖기 위한 끼리끼리의 잔치판이 소란스럽다. 가진 권력을 더 쓰기 위해 또 다른 권력의 무리수가 동원되고, 정상을 가장한 비정상의 광기가 세상을 어지럽히고 있다. 다시 되뇐다. 이를 어찌할 것인가.

고요 일지日誌

강원도 평창의 산골에서 살아본 적이 있다. 꽃이 필 무렵 둥지를 틀고 잎이 지나고 나서 한참 후에 하산했는데, 봄이 더딘 산골은 추웠고 여름을 어렵게 건너온 초가을의 선선함은 금세 겨울로 접어들 기세였다. 나는 봄의 시작과 함께 가을의 끝까지 버티고 견디면서 시끄러운 소리들과 벗하며 시간을 보냈다.

고도 700m의 높은 곳에서 나는 입고 덮는 방한防寒의 두께를 더하는 것으로 초봄과 늦가을의 추위를 피했다. 그러나 고요와 침묵의 세상을 끊임없이 파고드는 온갖 소리들은 추위와 더위의 구분이 없었고, 방음防音의 두께를 더할 수도 없었다.

빗소리, 바람, 계곡의 물, 지칠 줄 모르는 매미의 울음소리와 산짐승들이 스스럼없이 만들어내는 소리들이 서로 뒤엉켜 귀에 와 머문다. 이 자연의 소리는 낮과 밤이 다르고, 기온의 차이에도 민감했다. 어떤 때는 높낮이를 무시로 넘나드는 협주協奏로 이어지다가 단음절斷音節의 괴성이 두려움을 몰고 오기도 한다.

고요는 혼자 있을 때 침묵과 함께 찾아왔다. 처음 얼마 동안은 길들여지지 않은 침묵이 거추장스러웠다. 시간이 흐르고 세상과 점점 멀어지면서 침묵은 천연덕스러운 일상이 되었다. 생각 속에 자신을 가두어 놓고 고요를 영접할 준비를 마친다.

나의 산중생활은 아무런 소리가 없는 곳이 소음의 해방구라는 믿음에서 출발한다. 자연 그대로의 소리는 인간의 소리와 결코 섞일 수 없다는 어떤 신성함이, 소음의 근접을 허용하지 않을 것이라는 이유가 바로 그것이었다. 그러나 한편으로 인간 세상 어디든 소리 한 점 없는 순결지대가 있을 리 없다는 점을 생각하면 그런 곳이야말로 적막의 길목에 도사리고 있는 죽음의 공간일지도 모른다는 의구심을 버릴 수 없었다.

산골에는 때 묻지 않은 소리들이 낭자하게 흩어져 있었고, 그러나 산중 생활의 처음은 모든 소리가 소음이었다. 마음을 단단히 붙들어 매도 이 야성의 소리들은 감성이거나 이성의 집중을 방해한다. 침묵조차 공명空鳴을 앞세웠고, '고요도 시끄러운' 환청을 겪어야 했다. 가령 고요의 영토를 점점 넓혀가는 일들이 끝내는 평화와 안정에 도달할 수 있다고 해도 순간순간 다가오는 '시끄러운 생각'에 의해 무너질 때가 있는데 이것이 세속과의 팽팽한 인연 때문인지, 참을성이 다해 하산의 빌미를 만들기 위한 일인지는 분간이 어려웠다.

산골 외딴집에 찾아오는 소리가 맑고 아름다운 화음으

로만 교직交織된 것이라 하더라도 도시의 소음에 익숙해 있던 나는 그렇게 한참 동안 불편을 감내해야 했다. 비바람이 거세게 몰아치면 숲은 긴장을 부풀리면서 한동안 참았다는 듯 높은 음자리표에 매달려 있다가도, 새소리이거나 곤충의 울음을 호출하면서 평정을 찾기도 한다.

난청難聽지대로의 귀환

밤새 몸살을 앓던 숲은 아무 일 없다는 듯 아침을 맞는다. 저것들은 흐트러지지 않는 무질서와 흐트러지는 질서에 몸을 맡기고 있다. 산중의 고요는 이렇게 자연의 소리에 의해 다듬어져 있었다. 고요한 아침의 나라의 백성이 되는 일은 쉽지 않았다.

고개 넘어 멀지 않은 곳의 절을 찾는다. 골짜기 바위 위에 제비집처럼 들어앉은 대웅전에서의 독경 소리가 산중의 적막을 일깨우고 있다. 무심으로 안내하는 간절함인지, 중생들을 자아 충만의 경지로 이끄는 것인지 독경 소리가 크게 다가온다. 고요가 확대되어 가고 있는 것이리라.

나의 7개월 가까운 산중 생활은 고요 체험이라기보다 고요와 소음 사이에서의 안절부절이었다. 듣고 싶은 소리만 고르는 일은 어려웠고, 아름다운 소리만을 들을 수 있는 취사선택의 채널은 없었다. 소리를 듣는 방법을 터득하기 위한 평정심을 모으는 일은 쉬운 일이 아니었으며, 이것은 인간의 동네에서 오랫동안 습득한 '시끄러운 생각'을 버리지 못한 탓이었을 것이다.

일상에 방해가 되지 않는 백색소음이라는 것이 있다. 백색소음은 듣기 좋은 소리로 공해公害 밖에서 머무는데 집중력을 높이고 또 심리적 안정감을 불러와 수면에 도움이 되기도 한다는 것이다. 그러나 주변 소음이 백색소음을 제압할 정도라면 주관적 느낌에 따라 그것의 정의가 흔들릴 수도 있을 것이다.

2001년 환경부에서는 잊혀가는 우리의 아름다운 소리 100개를 선정, 발표했다. 하나같이 오랫동안 우리 곁을 떠나 있던 소리들이었다. 봄날, 논두렁을 태우는 소리와 아궁이에 나뭇잎 같은 것을 태우는 소리와 어떻게 다른지, 시골에 살아보았어도 알 수가 없는데 100선 가운데 하나인 논두렁 태우기는 화재 때문에 금지했다니 그냥 그리운 소리로 남을 수밖에 없는 것들도 있었다.

소리를 글자로 옮긴 100여 개의 아름다운 소리는, 소리와 글자가 갖는 한계에도 불구하고 그간 녹슬었던 청력을 우선 과거로 되돌려놓을 필요가 있을 것이었다. 입체감을 높이는 효과를 기대해야 하기 때문이다.

천하에 아름다운 소리라도 자동차 소음에 길들여진 청력으로 '누에가 뽕잎을 갉아먹는 소리'를 어떻게 알아들을 수 있을까. 불공평하게도 우리의 아름다운 소리 100개 가운데 90% 이상은 '옛날의 소리', '시골의 소리'였다.

시골 마을에서는 아름다운 소리보다 더 현실적인 듣기 좋은 말들이 있다. 첫 번째가 내 자식 목구멍에 밥 넘어가는 소리. 둘째, 내 논에 물 대는 소리. 셋째, 베틀 짜는 소리. 넷째, 글 읽는 소리. 다섯째, 다듬이 소리, 소 울음소리가 그것이다.

듣기 싫은 소리, 기분 나쁜 소리는 굳이 옮길 필요는 없을 것이다.

자연의 소리는 구도자의 몫으로 남겨 두고 나는 추위에 떠밀려 하산 길에 든다. 그것은 시끄러운 소리의 소비자가 되기 위한 부득이한 선택이었는데, 그러나 어쩌랴. 양보와 합리가 추방되고 경쟁만이 살아 숨 쉬는 소리의 공설시장으로 발길을 돌려야 하는 그곳은 여전히 무질서가 주도하는 소리의 활극무대일 것이다.

쇄도해 오는 요설妖說과 막무가내의 억지와 날 선 목소리가 난청으로 유인하는 곳. 나는 기어코 소리의 와류渦流에 휩쓸리고야 말 것이다.

헌것 새것

– 손목시계 일대기

나에게는 30년 가까운 세월 동안 차고 다니는 손목시계가 있다. 초, 분, 시침이 아직껏 기운차게 도는 것으로 보아 앞으로도 상당 기간 쓸모를 지키고 있을 것이었다. '세월이 쏜살같다'는 과장에 따르면 이 시계는 30년 저쪽에서 쏘아올린 화살에 얹혀 방금 여기에 도착한 셈이다.

그렇게 세월을 비켜선 듯 내 몸에 지니고 있는 것 가운데 가장 오랜 연식임에도 나의 시계에 대한 애착은 각별하다. 시계를 깜박 잊고 외출했을 때 시간을 알 수 없는 불편함보다 손목의 허전함이 그렇고, 도금이 벗겨지고 낡은 시곗줄이 헌것임을 강조하고 있어도 고장 한번 나지 않았다는 것이 기특하기 때문이다. 게다가 나의 손목시계는 적어도 15년 이상 내 몸의 온기와 함께함으로써 무기체가 유기체로 전이되는 듯한 신비감과 몸의 일부가 되는 희열을 건네주기도 한다.

1만 원짜리 손목시계

나는 이 시계를 선물로 받았다. 우리 돈 1만 원을 주고 중국에서 사 왔다는 말만 어렴풋할 뿐 안타깝게도 그가 누구인지는 기억에 없다. 나는 이 부분에 와서 씁쓸한 미망迷妄을 만난다.

선물을 건넨 주체가 익명성을 내세울 때 우정을 져버렸다는 객체의 자책감은 무엇으로도 가늠할 수 없을 것이기 때문이다. 고마움의 대상이 누구인지 모르고, 바로 그와의 관계의 단절에서 오는 송구하고 객쩍은 심사가 시계의 자판 위에 어른거릴 뿐이다.

그는 나에게 줄 선물을 사기 전에 몇 번을 망설였을 것이다. 맨 처음 멀리 나라 밖에서까지 고맙게도 나를 생각했을 것이고, 마침 눈에 들어온 값싼 가격의 시계가 마음에 들지 어떨지에 대해 잠시의 주저가 있었을 것이다. 또 그것이 마음에 걸린 듯 계면쩍은 낯빛으로 내게 건네주었을 텐데, 그게 도대체 누구냐는 것이다.

생각이 여기에 머물자 나는 그를 찾아 나서기로 한다. 버리지 않은 명함이거나 낡은 전화번호 수첩을 뒤적이다 풍문 한 자락이라도 연결되면 그가 보물처럼 숨어 있다가 불쑥 나타날지도 모를 일이다. 그게 아니라면 아무런 기미도 없이 만날 수 있다는 기적이 내게 오지 않으리라는 법이 없을 것이었다. 그러나 무엇보다도 이러한 나의 노력이 설령 무위로 돌아간다 하더라도 그를 찾아 나서는 일에 성실히 복무함으로써 오래 묵은 체증으로부터 벗어날 수도 있을 것이기 때문이다.

그러나 나는 싸구려 헌 시계와 관련하여 더 이상의 중언부언을 보태지 못한다. 한때 건강하던 기억의 창고 문을 열고 '중국산 시계 1만 원'을 눈을 크게 뜨고 찾아봐도 창고는 이제 낡고 헐어서 소용이 닿지 않았고, 우정을 복원할 만한 어떤 작은 단서도 찾을 수가 없었다. 초침이 한 칸씩 나아가는 만큼 기억력도 한 칸씩 뒷걸음치고 있음이 분명했다. 그렇다고 "모년 모월경 나에게 시계를 선물로 준 사람을 찾습니다"라는 따위의 심인尋人 광고 현수막을 내거는 것도 막막한 일이어서 그를 찾는 일에 자신을 잃어

갈 수밖에 없었다.

그렇기로서니 나의 헌 시계는 하루를 잘게 쪼개놓고 마치 시간이 가리키는 무한대의 내일이 종언終焉을 고할지 모른다는 듯 초침의 발걸음을 재촉한다. 누구나 그러할 터이지만 나는 시간과 마주하면서 시간 밖을 해찰하지 못하고 시간 또한 내 일상의 관할구역을 벗어나지 못한다. 새로운 아침이 와도 시계는 언제나 똑같은 시간을 지나가고 나는 여전히 시간 안에서 존재한다.

시계가 내 손목에 와 정착하기까지의 인연설因緣說을 과감히 버리면서 시계는 그나마 가벼워졌고, 시간은 헐거워진 듯했다. 이제 시계는 저 혼자 낡아가면서 힘겹게 헌것으로의 발길을 멈추지 않을 것이고 나는 늙음의 끝머리쯤에서 마침내 시계와의 결별을 아무렇지도 않게 맞이할 것이었다.

낯섦과 낯익음

오늘이 내일에 의해 스스럼없이 밀려나듯 세상의 모든 것들은 더불어 헌것이 된다. 새것들은 또 다른 새것들에 의해 밀려나 보잘것없는 경로를 거쳐 소멸에 이른다. 그러나 새것이 처음 그대로의 기능과 품질을 보전하고 있어도 엉뚱하게 싫증 따위의 심리 변화에 의해 헌것으로 강제되기도 한다.

대체로 새것은 좋고 낯설지만, 이 낯섦에서 벗어나기 위해 또다시 가격, 디자인 등을 우위 비교하다 보면 그것은 헌것이 되고, 새것이 만들어 낸 헌것은 익숙해지는 만큼 비례하여 쓸모를 다해 간다. 그러므로 새로운 것에 대해서는 욕구의 최초 감정인 선망이 얹히고, 헌것은 잘 봐줘야 재활용감 정도의 홀대에 그친다. 따라서 새것은 욕망의 대상이고 헌것은 호감으로부터 외면 당했으므로 폐품의 운명을 맞는다.

세상의 모든 헌것들은 추억이고 역사다. 또한 절약을 의미하는 헌것의 사용은 기아와 궁핍을 버티고 이겨낸 삶의 방식이었다. 새것에 대한 편애는 급기야 유행을 앞세우거나 과시욕의 대상이 되어 우리 선조들이 지켜온 전통의 덕목을 무시하기에 이른다.

'소비가 미덕'이라는 구호가 한창 호들갑을 떨던 때가 있었다. 소비가 미덕이라고? 그렇다면 절약은 악덕이란 말인가? 밥그릇에 밥풀 하나라도 남기면 꾸중을 듣고, 형들이 신던 꿰맨 양말이 부끄러워 투정을 부리며 자랐던 나는, 무슨 잘못이라도 저지른 듯 이 말에 아연했다. 학용품 하나 제대로 구색을 갖출 수 없었던 어린 시절이 생각났고, 그러다가 아껴 쓰고 고쳐 쓰고 나눠 쓰며 잘 살아 보자고 대견스럽게 다짐했던 때를 상기했다.

어쨌든 소비의 촉진이 고용과 생산성을 높이는 국가 운용의 절대적 원리라고 해도 나는 나의 헌 손목시계를 새것으로 바꿀 생각은 없다. 내가 술을 사 먹어야 술 가게 주인이 먹고살고, 그 가게의 주인은 내가 파는 오징어를 사줘야 서로가 먹고사는 것이 소비의 미덕이고 순리라지만, 오랜 시간 함께하고 있는 나의 헌 시계는, 그러함에도 소비가 미덕이라는 영역에 편입시키지 못한다.

구적불거舊的不去 신적불래新的不來라는 말을 옮겨 적는다. 글자 그대로 헌것이 가지 않으면 새것이 오지 않는다는 한자 성어다. 새것을 갖거나 맞이하기 위해서는 헌것을 버려야 한다는 뜻이기도 할 텐데 헌것이 간 자리에 새것이 온다는 완곡한 위치의 교환은 새것에 대한 기대와 선호를 노골적으로 드러내놓고 있다. 그러함에도 이러한 사태의 진전을 외면한다면 우리의 경제는 어떻게 될까? 흥興과 망亡의 위치가 뒤바뀌어지는 것은 물론 그렇게 흥청망청이 되지 않을까 우려된다.

사람도 새 사람 헌 사람 있다?

비워야 새로운 것들로 채워진다는 고상한 뜻으로도 함께 쓰는 이 구적… 신적 …은 아무래도 소비가 미덕이라는 주장에 동조하고 있는 듯했다. 따지고 보면 새것에 대한 욕구를 부추기는 것은 필경 과소비로 이어져 자원의 낭비, 헌것의 대량생산, 환경오염이라는 3각 연동聯動 작용에 의해 세상을 나락으로 이끌지도 모를 것이었다.

사람에게도 새 사람, 헌 사람이 있다. 젊은 사람과 노인을 쉽게 떠올릴 테지만, 여기에서는 나이가 몇 살이건 상관이 없는 구분이다. 젊었어도 생각이 노인과 같은 사람, 나이가 들어도 젊은이다운 기상을 가지고 있는 사람을 일컬어도 무방할 것이다.

중국의 시선詩仙 이백李白(701~762)은 신인新人, 즉 새 사람을 꽃으로 보고 고인故人 즉, 옛 사람, 헌 사람을 옥玉으로 비유했다. '신인여화수가총新人如花雖可寵, 새 사람은 꽃같이 어여쁘고, 고인사옥유래중故人似玉由來重, 옛 사람은 옥같이 귀중하다'가 그것이다. 피고 지는 꽃은 찰나의 영화지만 옛 사람은 옥처럼 귀하다는 뜻인데 꽃이 피어 있는 순간의 짧은 시간과 옥의 영원성을 함축하고 있다.

나는 문득 눈을 들어 방 안을 두루 살핀다. 옷장에는 언제 입어보았는지 모를 허름한 옷가지가 즐비하고, 서랍에는 한 번도 사용하지 않았을 만년필이 헌것의 몰골로, 수명을 다한 휴대전화와 제구실을 잃어버린 라이터 몇 개가 주인의 관심을 끌고 있다. 저들은 한결같이 버리기는 아쉽고 안 버리면 짐이 되는 것들로써 버려도 괜찮고, 안 버려도 상관없다는 듯 널브러져 있다.

이렇듯 출처 불명의 잡동사니들은 골동이나 문화재의 꿈도 꾸지 못한 채 하세월을 보내고 있다. 일찍이 새것을 추종하지 않는 나의 취향과 기호로부터 외면당했든 누구로부터 선물을 받았든 저것들은 한때나마 내게 설렘을 준 만큼 많은 사랑을 받았을 것이다. 그러나 그 설렘은 나에게서 떠난 시간에 의해 끝내 변질을 끌어안음으로써 재활용으로도 버림을 받을 것이다.

헌것은 삶의 흔적이고, 과거의 이야기다. 각기 다른 내구耐久 연한을 가지고 각기 다른 처지와 환경을 거쳐 온 저들의 일대기는 어떤 자초지종으로도 설명을 붙이기 어려울 것이었다. 이제 와서 일상을 꾸리는 필요성이 제거됨으로써 간혹 추억의 언저리에서 그림자처럼 없는 듯 멈춰 있을 뿐이다.

저장 강박증

그렇다면 나는 여태껏 헌것들을 왜 버리지 못하는가. 버려서 불편할 일도 없고 버리지 않아서 탈이 날 일도 아니라면 나의 망설임은 비축備蓄 심리와 상실감 그 중간 어디쯤에 머물고 있을 것이다.

그 옛날 잦은 전란과 전염병과 흉년으로 목숨 부지가 어려웠던 시절, 우리들의 선조들은 길가에 버려진 짚신짝이라도 불쏘시개용으로 들고 왔고, 하다못해 개똥도 약에 쓸 데가 있다며 온갖 잡동사니를 주워 와 쟁여놓지 않았던가. 이 눈물겨운 유비무환의 저장 강박증 DNA가 여기까지 흘러온 것이리라.

그러므로 무엇을 버린다는 것, 잃는다는 것, 나에게서 떠난다는 것은 모두 상실의 언어다. 애지중지의 손에서 정이 들고, 정이 들어서 차마 버릴 수 없는 것들을 잃고 난 후의 상실감은 심인성心因性 질환으로 옮겨갈 수도 있을 것이다. 게다가 남에게는 보잘것없는 물건이지만 나에게 의미를 부여받은 것들이라면 상실 후유증은 더 크게 다가올 것이다.

비축 심리와 상실감에 대한 나의 이와 같은 엄숙한 진술은, 짐작한 대로 헌 시계의 사용 불능이라는 유고有故를 맞이했을 때를 염두에 둔 것이지만, 경우에 따라서는 이 두 개의 심리적 갈등뿐 아니라 아쉬움과 미련까지도 함께 버려야 할 것이었다. 어느 한순간이라도 쉬지 않고 모든 것을 변화로 이끄는 시간을, 정지된 구도 안에서 살피고 느낀다는 것은 불가능하기 때문이다.

나는 먼저 방 안의 잡동사니부터 정리하기로 하였다. 필요와 불필요의 구분이 없어진 잡동사니는 버릴까 말까의 갈등의 대상에서 이미 제외시켰으므로 버리는 수고만 아끼지 않으면 될 일이었다. 버린 만큼의 무게가 일시에 빠져나간 듯 머릿속은 맑고 가벼울 것이었다.

헌것을 버리면 새것을 불러들인다는 기대조차 잡동사니와 함께 버린다. 버린다는 행위가 소비의 동의어同義語가 되어 새것에 대한 욕망으로 변형될 일이 내게는 단연코 없을 것이다. 물론 이러한 다짐과 결단에서 나의 헌 손목시계가 제외되는 것은 당연하다.

또 막연하지만 실종된 우정에 대한 전모가 다가오리라는 바람을 버릴 수 없고, 그러한 의미로 분식扮飾한 과거의 이야기가 내 삶의 추억 하나를 복원하는 일이 될지도 모르기 때문이다.

그러므로 헌 시계에 대한 나의 이러한 순정적 태도는,

'가령'이거나 '만약'이란 부정사否定詞의 근접을 허용하지 않는다. 나의 손목시계는 앞으로도 상당 기간 쓸모를 지키고 있을 것이다.

3

역사 돋보기

돌아보면, 돋보이거나 억지로 돋아 보이는 것들이 한두 가지가 아니다. 사람과의 관계에서 바람직한 모습이 있는가 하면, 부끄러운 삶들이 타산지석으로 다가오기도 한다. 역사가 그렇다. 그 가운데 특별히 돋아 보이는 것이 있다.

서포 김만중 · 추사 김정희

— 천재들의 귀양

바다, 무한의 바다는 인간에게 마지막 삶의 터전이기도 하지만 한편으로는 파멸과 죽음을 숨기고 있는 곳이기도 하다. 그러므로 바다는 영욕을 담고 있는 이중구조의 삶의 터전이다.

특히 바다 한가운데 가두어 놓고 가시 울타리를 치고 사약을 기다리는 섬으로의 귀양은 그 자체가 사형과도 같은 큰 형벌이었다. 우선 살아서 돌아갈 수 없어 절망의 벽을 허물 수도, 그래서 위안의 세계를 엿볼 수만 있어도 유배자로서는 살아있는 잠시 동안의 큰 희열일 것이었다. 그러나 영양실조, 질병, 그리고 좌절감은 죽음을 재촉할 뿐, 죽어서야 해방이 되는 고통을 죽기 전까지 감내해야 한다.

'귀양'과 '귀향'은 죽음과 삶을 의미

나는 '귀양'의 어원이 '귀향歸鄕'이라는 사실에 편하지 않은 생각을 가지고 있다. 타향을 떠돌다 고향으로 돌아간다는 가슴 설레는 어의語義가 훼손되는 것 같아서이다. 단지 비슷한 어감이라 하여 '향'을 '양'으로의 사용을 묵인했다면, 이 방면의 학자들이 그 오류를 벌써 지적하여 사유를 밝혔어야 했을 것이다.

그러나 두 단어의 뜻은 전혀 다른 차이와 내력을 갖고 있었다. 귀향은 '고향의 명예를 더럽히지 않는다'는 의미가 포함되어 있다는 것이다. 그렇다면 고향에 대한 정서적으로 그리운 감정이 추억이라는, 귀향자의 인접 감정까지를 확보하고 있다는 뜻으로도 추론이 가능할 것이었다. 또 귀향은 15세기경부터 어떤 이유에서인지 초성의 'ㅎ'이 탈락되면서 '귀양'이라는 견디기 힘든 형벌의 이름으로 왜곡되게 정착했다는 것으로 보이지만 굳이 여기에서는 어원에 대해 따져 물을 필요는 없을 것이었다. 말로만 그럴듯하지 함정이 있는 셈이다.

조선은 의義와 예禮의 도덕적 이상국가를 지향한 나라였다. 그러나 성리학의 근간인 이러한 가치의 숭상은, 인간사회에서 필연적으로 대두되는 갈등의 봉합에는 실패한다. 왕권과 신권의 대립, 반상班常의 차별, 서얼의 구분 등은 백성들이 편안하게 살고자 하는 세상이 아니었다. 조선은 또 신분사회였다. 높은 신분의 가문 출신은 자연스럽게 비슷한 신분의 반열에 오르는 경우가 많았다. 그래서 갑은 언제나 갑이고 을은 언제나 을이었다.

17세기에 들어서면서 오랑캐의 침략으로 나라의 형편은 간두竿頭에 서게 된다. 정묘(1627), 병자호란(1636)이 그들의 엉뚱한 야심이었든, 또 다른 이유에서였든 나라가 힘이 없으면 결국 나락으로 떨어진다는 요지부동의 교훈을 일깨운다.

위대한 가문의 슬픔

서포 김만중(1637~1692)은 병자호란의 와중에 태어났다. 태어날 때부터 시국이 심상치 않았던 것이다. 남한산성에서 인조가 항복을 하자 강화도를 지키고 있던 서포의 부친 김익겸金益兼(1615~1637)은 살아서 욕을 보느니 죽는게 낫다며 스스로 화약을 터트려 순국했고, 서포는 피난길에 오른 어머니 배 속에 있었다. 그래서 유복자는 배에서 태어났다 하여 선생船生이라고 불렸다.

서포는 조선 중기 예학의 태두로 추앙받고 있는 광산 김씨 사계沙溪 김장생金長生(1548~1631)의 증손이다. 대제학 한 명과 정승 열 명을 바꾸지 않는다는 영예로운 벼슬을, 7명의 양관兩官(홍문관, 예문관)의 대제학, 3대 대제학, 그리고 사계와 신독재愼獨齋 김집金集(1574 ~1656)의 부자 대제학을 배출한 광산 김씨 사계 가문은 조선의 5대 가문으로 꼽는다.

유복자 서포는 불우한 환경에도 맹자의 어머니와 비견되는 모친의 엄격한 가정교육에 힘입어 대제학, 대사헌, 예조, 병조판서 등 장관급 벼슬을 역임한다.

당시 정국은 서인과 남인의 대립, 세자 책봉과 관련한 갈등, 희빈 장씨를 감싸고 있는 숙종의 독선 등 살얼음판 정국에서 서포는 유탄을 맞는다. 직언불사의 강직한 성격이 '장희빈'이라는 뇌관을 건드린 것이다. 서포는(인경왕후의 삼촌이며 숙종 임금 자신의 처삼촌임에도) 왕의 서슬 앞에서 무력했다. 그는 경상도 남해의 노도로 기약 없는 유배길에 오른다.

한 국가를 운영하는데 있어 대립세력 간의 이견을 방치

하고 절충과 타협의 원만한 해결을 도출해 낼 수 없는 군왕이라면, 혼군昏君이라 할 수 있을 것이고 또 죄를 지은 신하들에 대한 형률刑律을 공평하게 처리한다면 명군名君으로 나뉠 수 있을 것이다. 그러함에도 숙종 임금의 서포에 대한 형벌이 죄과에 비해 과도했는지의 여부는 별개의 평가로 기록될 것이었다.

어머니를 위하여

서포는 노도섬에 와 먼 바다를 바라보며 생각에 잠긴다. 허구한 날 고생고생 하면서 유복자를 길렀던 어머니가 마음에 걸렸고, 그때마다 눈시울에는 눈물이 맺혔다. 이제 섬으로 귀양을 와서 먹을 것도 없지만, 먹을 생각이 없었고, 배가 고프면 피죽을 끓여 연명했다. 이런 그를 사람들은 경상도 사투리로 '묵자 노자 할배'라고 불렀다. '먹고 노는 할아버지'란 뜻이다.

먹고 노는 할아버지가 할 수 있는 일이란 시를 짓고 글을 쓰고 가끔 허리를 펴고 바다를 바라보는 일이 전부였을 것이다.

오늘 아침 어머니를 그리는 시를 쓰려하니

글자도 쓰기 전에 눈물이 이미 넘쳐나네
몇 번이나 붓을 적셨다가 다시 던져버렸으니
해남에서 지은 시는 문집에서 응당 빠지겠네

– 어머니를 기리며(사친시思親詩)

작은 섬 노도. 사방이 바다이면서, 위리안치형은 가시 울타리 밖을 나가지 못하는 지독한 형벌이다. 기본적으로 귀양은 무기징역형이기 때문에 살아있어도 산 목숨이 아니었다. 유배 기간이 정해지면 언젠가는 자유의 몸이 될 수 있다는 희망이라도 지참할 수 있는데 그게 비관적이라는 것이다. 또한 사람들로부터 잊힌다는 두려움은 병의 원인이 되어 유배자는 2중 3중의 고통을 피할 수 없다.

이러한 고통을 딛고 서포는 소설 구운몽九雲夢과 사씨남정기謝氏南征記를 쓴다. 구운몽은 모친을 위로하기 위하여 쓴 환상소설로서 한글의 가치를 높이는 디딤돌이 된 작품이기도 하다. 특히 서포는 한글을 언문, 암글, 중글이라 하여 천시하던 때 "우리나라 시문時文은 자기 말을 버려두고 다른 나라 말을 배워서 표현한 것이니, 비슷하다 하더라도 단지 앵무새가 사람의 말을 하는 것과 같은 것"이라고 언급함으로써 우리 말과 글의 가치를 높게 주창한 국문학의 선구자요 선각자였다. 옥죄어 오는 죽음의 공포를 위대한 한글소설로 승화시킨 서포는 잠시 고개를 들 때마다 어머니 생각에 눈물을 흘린다.

서포는 무엇보다도 어머니가 걱정이었다. 자나 깨나 어머니 걱정이 꿈에서 나타난다. 일찍이 아버지 없이 홀로 자신을 키우신 늙으신 어머니에 대한 걱정뿐이었다. 그는 담담한 마음으로 어머니를 눈물로 그린다.

> "인간사 부침浮沈은 멀고도 아득하여 짐작할 수 없나니 / 노래, 통곡, 슬픔과 기쁨은 / 단지 한 해 사이에 일어나는구나 / 자식 생각에 흘리실 어머니 눈물 멀리서 헤아려 보니 / 반은 죽어서 한 이별 탓이오 / 반은 생이별 탓이로구나."

그러나 세월은 기다려주지 않았다. 어머니의 사망 소식에 서포는 대성통곡을 하며 혼절한다. 노도에서의 3년 남짓의 유배 기간은 온통 어머니 생각뿐이었던 서포는 죽기 한 달 전 사촌 형에게 편지를 쓴다. "몸의 증상이 계속 지탱할 도리가 없고 함께 쫓겨난 사람들도 세상을 떠나 거의 없으니 한낱 꿈이요."라고 썼다. 그리고 한 달 후 그는 사망한다. 배에서 태어난 서포는 섬에서 그렇게 죽는다.

나는 감히 유배인들을 쓸모가 없어 버려진 돌덩이에 비유한다. 석방, 재기용의 여지가 없는 이러한 냉대에도 불구하고 그들이 이룩한 지적知的 성취를 주목한다. 버려진 돌멩이를 갈고 닦아 새로운 문화를 창조하고, 기량으로 연마한 돌멩이 하나가 문화창조의 위대한 새 역사를 만들어 나간다는 사실이다. 나는 서포라는 이름의 준봉峻峯을 오랫동안 마음에 새기고 바라본다.

팔방미인의 천재

추사 김정희秋史 金正喜(1786~1865)는 서포보다 150년 후의 인물이다. 독창적인 서체로 일세를 풍미하였거니와 붓 1천 자루를 몽당붓으로 만들고, 벼루 10개에 구멍을 냈다는 그의 열정은 '추사체'라는 독보적인 서체를 만들어 냄으로써 내외에 필명筆名을 떨친다. 특히 네 그루의 잣나무와 소나무, 그리고 빈 집 한 채의 세한도歲寒圖의 절제된 운필運筆은 '귀양 중'인 자신의 내면세계를 보여 주고 있어 중국, 일본 지식인들의 이목을 집중시킨다.

서포와 추사. 나는 왜 이들을 마음에 두는가. 지체높은 가문에다 문文·서書·예藝의 기량이 특출해서인가. 조선 인문학의 양대兩大 산맥을 이룬 이들의 신산辛酸한 발자취가 오늘에 와서 무슨 의미로 다가오는가. 나는 이 우문愚問을 화두로 삼아 서포의 대강을 섭렵하였거니와 기왕에 결코 순탄치 않았던 추사의 궤적을 살핀다. 추사가 원악지遠惡地(서울에서 멀리 떨어져 살기 어려운 지역)인 제주도 대정으로 귀양간 것은 그의 나이 54세 때.

추사 김정희를 떠올리면 먼저 지체없이 세한도를 따라 나서는 환상을 본다. 더불어 제자인 역관譯官 이상적李尙廸(1804~1865)이 공손한 자세로 두 손을 맞잡고 한자리를 차지한다.

> "지금 그대가 나를 대하는 것을 보면 내가 곤경을 겪기 전에 잘 대해 주지도 않았고, 곤경에 처한 후에 더 소홀히 대해 주지도 않았다. 그러나 곤경 이전의 그대는 칭찬할 만한 것이 없겠지만, 나의 곤경 이후 그대는 역시 성인으로부터 칭찬을 들을 만하지 않겠는가. 성인께서 유달리 칭찬하신 것은 단지 엄동설한을 겪고도 꿋꿋이 푸르름을 지키는 송백의 굳은 절조만을 위함이 아니다. 역시 엄동을 겪을 때와 같은 인간의 어떤 역경을 보시고 느끼신 바가 있어서이다. 아. 쓸쓸한 이 마음이여 완당노인이 쓰다."
>
> 〈「세한도」 발문 중에서〉

추사가 곤경에 처해 있을 때 그 사정을 보아온 이상적은 당대 조선의 유명한 역관으로 추사의 제자였다. 중국에 10여 차례 왕래하면서 필요한 서책을 수천 리 제주에까지 보내 준 고마운 마음에 그려준 그림이었다. 바로 국보 180호 세한도인 것이다.

세한도는 이상적에 의해 국내외 유명인사들의 감상평을 실어 당초 23×169.2cm의 크기가 무려 14m에 가까운 대작이 되었다. 국내에서는 초대 부통령인 이시영李始榮을 비롯한 독립운동가 오세창吳世昌, 역사학자 정인보鄭仁普 등이 찬서撰書 하였고, 청나라의 고위 관리, 문인들도 여기에 글을 보탰다.

추사는 학문과 예술에 대한 다방면적 기능자였다. 그 모든 것들은 전문가의 경지를 넘어서 독보적인 진전과 성취를 이루어 나갔고, 시詩·서書·화畵의 예술적 업적은 물론, 인접 학문인 금석학, 고증학, 그리고 지리학, 천산학天算學, 불교학에 이르기까지, 모든 학문이 정복의 대상이라는 듯 두루 섭렵한 것이다. 청나라에서는 조선의 유학의 대가라 하여 해동제일통유海東第一通儒라 부르기도 했다. 그러나 신神은 추사의 박학다식, 다재다능의 천재성을 시샘했는지 그로부터 추사의 고난의 행군은 시작된다.

편액 해프닝

그가 제주도 대정으로 유배된 것이 소위 윤상도 옥사 관련이라고 했지만 왜 유배를 왔는지, 유배형을 받을 만한 일을 저질렀는지는 자신이 너무 잘 알고 있었을 것이다. 재주가 많으면 팔자가 세다고, 모가 나면 상처가 많다고 했던가. 억울했지만 추사는 이 모든 것을 운명으로 받아들이기로 하고 감정의 기복이 격심할 때마다 붓을 들어 스스로를 달랠 수밖에 없었다.

추사의 전반기 생애가 오만했다면 후기는 성찰과 겸손의 시간이었을 것이다. 추사는 유배길에 초의선사艸衣禪師가 쓴 대둔사의 '대웅보전' 네 글자를 보고 동행한 선사에게 뗄 것을 요구하고 자신이 쓴 편액을 걸었다. 자신이 쓴 글씨만 못하다는 비하였다. 유배가 끝나고 돌아오는 길에 역시 자신이 쓴 편액을 떼고 원래의 편액을 걸게 했다.

거칠 것 없는 성격

초의선사는 추사와 동갑의 나이로 시·서·화는 물론, 조선의 차 문화를 일으킨 결코 만만한 인물이 아니었다. 추사는 자신의 오만을 떼고 겸손을 걸게 한 것이다.

추사는 의식주가 걱정이 없는 명문가에서 태어났다. 그

러다 보니 입맛은 까다롭고 시·서·화 3절絶의 자부심만큼 그 성격도 매우 까탈스러웠다. 유배지에서의 추사는 모든 것들이 짜증의 대상이었다. 날씨는 무덥고, 죽을 날만 기다리는 것 같아 자신이 너무 한심했다. 시 한 수로 입안의 쓴 기운을 뱉는다.

때 이르게 날 어두니 주晝도 밉고 락樂도 싫다
열대야 바람 없고 술은 찬데 님은 자네

이 시는, 벌건 대낮도 싫고 즐거움도 없고 술 한잔하고 싶어 대작할 사람이 없다는 추사의 따분한 현실 상황을 여실하게 보여주고 있다. 또 추사는 배가 고파도 밥이 넘어가지 않고, 벌레들 때문에 잠에 들 수 없고 여름날의 습한 기후로 피부가 엉망인 상태를 괴로워했는데 어디 그뿐이랴. 비바람이라도 몰아치면 지붕이 날아갈까, 파도가 덮치지는 않을까 노심초사했을 것이다.

물만 마셔도 배탈이 나고 걸핏하면 신열이 찾아오고 심신이 끝 간 데 없이 지치게 되자 추사는 마침내 살아남기 위한 각오를 갖게 되었을 것이다. 외로움에서 벗어나기 위하여 생각을 바꾸고, 맞서기보다는 굽히는, 겸손으로의 변화야말로 자신이 살 길임을 깨달았을 것이다.

추사는 또 창암蒼巖 이삼만李三晩(1770~1847)을 생각하면 그에게 미안한 마음이 떠나지 않는다. 그는 평생 관직에 나가지 않고 붓만 잡은 조선 후기의 3대 명필로 꼽는 서예가다. 마침 추사가 유배길에 전주에 들른다는 소식을 들은 창암은 추사에게 자신의 글씨를 보여 준다.

16살이나 위인 창암의 글씨를 보고 "이 글씨로 밥은 먹겠습니다."라는 핀잔을 준다. 당대 모든 글씨체를 통달한 팔방미인의 천재지만 추사의 이러한 거침없는 태도는 미움을 사기에 십상이 아닐 수 없다.

추사는 그 후 귀양이 끝나는 길에 다시 전주를 찾는다. 그때는 창암이 세상을 떠난 뒤였다. 추사는 그의 묘비명을 쓴다. 거칠 것 없는 행동에 대한 사죄의 뜻이 담겨 있다. 졸기卒記다.

"여기 평생을 글씨를 위해 살다간
어질고 위대한 서예가가 누워있으니
후생들아 감히 이 무덤을 훼손하지 말지어다"

〈졸기卒記〉

귀양살이 9년 가까운 세월을 건너온, 비옥해진 추사의 마음 밭에는 3천여 명의 제자가 저마다 아름다운 꽃을 피우고 있었다.

반구정 · 압구정

– 갈매기가 날지 않는 정자亭子

역사가 의미 있는 과거의 사실에 대한 기록이라면 역사적 인물은 의미 있는 사실을 설계하고 집행하는 사람을 가리킨다. 그 '의미 있는 사실'은 삶의 지표가 되는 가치를 위해 헌신하였거나 우국충정의 사회변혁적 사건의 주인공으로 또는 그에 반하는 특출한 행적을 보이고 있는 인물들이 여기에 포함될 것이다.

조선 건국 초기의 격동기에 쉰둘의 나이 차이를 두고 두 사람이 등장한다. 한 사람은 정상적인 배움의 길로 나가 과거에 합격하여 벼슬길에 나섰고, 또 한 사람은 피바람을 일으킨 왕권 찬탈의 주역으로 등장하여 한 시대를 좌지우지했다. 이쯤이면 어렴풋이나마 짐작이 가는 인물이 떠오를 것이다.

정승의 자격

조선 건국 초기 명재상 황희黃喜(1363~1452)와 책사策士 한명회韓明澮(1415~1487). 이들은 각종 미디어를 통해 또는 할아버지의 구수한 옛이야기의 주인공으로 오랫동안 귓가에 앉아 있어 대강의 면모를 익혀왔거니와, 그러함에도 6백 년을 거슬러 의도적 만남을 꾀하는 것은 미처 수습하지 못한 낙수落穗가 있을 듯해서였다. 그만큼 그들의 삶이 예사롭지 않았기 때문이다.

그러나 시시콜콜을 빠짐없이 적어 놓은 저 위대한 조선왕조실록이 총신寵臣들의 행적을 못 본 채 지나쳤다면 나의 갈 길은 자칫 역사의 바다에 표류해 버릴지도 모를 일이었다.

그러므로 나는 그들의 행적에 좀 더 가까이 다가가 이런저런 수소문을 통해 작은 단서라도 찾아 살펴보기로 한다. 그렇다고 그들의 과오와 오류만을 오늘의 잣대로 재단하여 적의敵意를 드러내고자 하는 것은 아니다. 무딘 펜대로나마 타산지석의 족적을 따라 옥석의 흔적을 습득해 보자는 데 있다.

역사는 선택할 수 없지만 역사적 인물을 자의로 선택할 수 있다는 것은 다행이었다. 그러함에도 나의 어눌한 언어는 그들의 속내를 시원하게 열어 보이지는 못할 것이었다. 그들은 6백 년 전 당대의 가치관과 유학의 근본주의에 투철했을 것이고 나는, 상상이 현실이 되는 과학의 시대에 살고 있다는 것이 괴리감으로 다가오기 때문이다.

영의정은 흔히 일인지상만인지하一人之上萬人之下라고 부른다. 위로는 임금 한 사람만을 섬기고 아래로는 만인을 거느린다는, 그만한 크기의 권력자임을 의미한다. 얼마 전까지만 해도 국무총리가 새로 지명되면 각 언론 매체에서는 일인지상만인지하의 직職에 비견하기도 했는데, 민주국가에서의 이와 같은 언설은 터무니없는 망발일 것이었다. 그렇다면 만백성을 받든다는 만인지상萬人之上쯤으로 바로잡아야 하는데, 21세기 대명천지에 이 나라에 막강한 권력의 영의정이 나타나 한바탕 소란을 피운 적이 있었다.

2006년경이었을 것이다. 대한민국 5대 국경일의 하나인 3·1절 기념식을 팽개치고 골프장으로 달려간 국무총리가 있었다. 부적절한 인사들과의 돈내기 골프였다는 소문이 있어 이러한 사실을 추궁하는 국회에서 그는 무엇이 잘못되었느냐는 투의 오만한 태도를 보여 '모든 권력은 국민으로부터 나온다'는 헌법 조항을 다시 들여다보아야 했다.

자신을 만인지상의 영의정으로 착각한 국무총리 덕분에 수준 낮은 만인지하가 된 애꿎은 국민들은 '모든 국민은 그 수준에 맞는 정부를 가진다'는 자학적 금언金言을 되씹으며 한탄해야 했다.

황희의 덕성

이제 본론으로 들어간다. '황희'는 아무런 수식 없이 그냥 이름만 부르기에 어딘가 불경스러운 느낌이 든다. '정승'이라는 직함을 함께 불러야 그 무게가 다가오기 때문이다. 영의정 18년, 좌의정 5년, 우의정 1년의 의정議政 24년은 그의 직업이 '정승'이라는 별칭을 만들어내기에 이른 것이다. 조선왕조 5백 년에 특이한 인물임에 틀림이 없다.

그러나 서른 살부터 조선의 새로운 국가건설에 참여하며 6조판서 등 장관급을 모두 거친 그의 관직 생활은 그렇게 순탄한 것만은 아니었다. 좌천 두 번, 파직 세 번, 귀양 네 번의 흠결 가운데는, 옳다고 믿는 주장을 꺾지 않아 임금의 심기를 거슬리게 했거나 모함성 징벌도, 우여곡

절도 있었을 것이다. 그러함에도 황희 정승을 명재상으로 일컫는 것은 그만한 근거가 있을 것이어서, 몇 개의 기록을 뒤적여 본다.

황 정승은 한쪽에 치우치지 않는 공평무사의 처신으로 남들의 원망을 듣지 않는 덕성을 지녔다고 한다. 널리 알려진 이야기의 하나로, 노비 A와 B가 서로 싸우다가 시비가 가려지지 않자 A, B는 황정승에게 잘잘못을 판결해 줄 것을 요청한다. A의 이야기를 들은 황 정승은 "네 말이 옳다"라고 하고, B의 이야기를 듣고도 "네 말이 옳다"는 판결이었다. 옆에서 이를 지켜보던 제3자가 쌍방 모두가 옳다고 하면 어떻게 하느냐고 항의하자 "네 말도 옳다"라고 했다는 이야기. 잘한 사람도 없고 잘못한 사람도 없는 이 싱거운 판결은, 시비를 가릴 만한 내용이 아니었기에 끝내 웃음으로 마무리되었을 것이다.

황희 정승은 남의 의견을 존중하고 합의를 이끌어 내는 데 탁월한 수완이 있다. 갈등을 조정하고 다양한 의견을 하나로 모으는 지도력이 남달랐다는 것이다. 중종 때의 문신 조신曺伸(1454~1529)을 통해 사실을 확인해 본다.

세종 임금은 어느 날 신하들과의 조회시간에 황 정승에게, "내가 명령하는 일에는 마음껏 하고 싶은 말을 하고 논쟁을 하면서 왜 육조六曹에서 올라오는 일에는 별다른 논의가 없는가?"라고 물었다. 이에 황희는 "전하께 상신하는 일을 신하들이 합의하지 못하면 다시 조정하여 모든 신하의 의견이 합의된 후에야 올리기 때문에 다른 의견이 없는 것"이라는 답변이었다. 〈謏聞瑣錄〉 태평성대를 이끌어가는 명신名臣의 슬기로운 국정운영 방식이었다.

황 정승은 또 도량이 넓어 웬만한 일에 감정을 드러내지 않고 매사를 너그럽게 처리하는 훈훈한 인간미가 있음을 여러 기록이 전한다. 황희와 동시대 문신 서거정徐居正(1420~1488)은 황희의 도량과 적성이 예사롭지 않음을 다음과 같이 전한다.

"황희는 국사를 결정하는 데는 관대하기에 힘쓴다. 평상시에도 마음이 담백하여 아들, 손자, 노비의 자식들이 좌우로 늘어서서 울부짖으며 장난을 치고 떠들어도 조금도 꾸짖지 아니하였으며, 어떤 때는 수염을 잡아 뽑고 뺨을 때려도 그대로 내버려 두었다. 심지어 책에 글씨를 쓰려 하는데 노비의 아이가 그 위에 오줌을 누었으나 공公은 노여워하는 기색도 없이 손으로 닦아낼 뿐이었으니 그 덕스런 도량이 이와 같았다."〈筆苑雜記〉

황 정승의 어두운 그림자

이 밖에도 황 정승의 평범하지 않은 일화는 수없이 많다. 그러나 그가 의도하지 않았을 부정적 사례 또한 적지 않았다. 가령, 황 정승의 병이 깊어 문병을 왔던 세종 임금이, 방 한구석에 놓여 있는 밥상에 꽁보리밥과 된장, 그리고 풋고추 몇 개가 있고, 멍석을 깔고 누워 있는 황 정승을 보고 안타까워하자 황 정승은 "늙은이에게는 등을 긁기가 멍석이 십상입니다"라는 이야기 등등이 있다. 이러한 일련의 곤궁한 삶의 사례들은 '청백리 황희를 황희답게' 채색하기 위한 상징조작일 수 있다는 것이다. 당시의 관료 봉급 체계상(科田) 결코 빈곤하지 않다는 반론이 있기 때문이다.

여기에 더하여 황 정승에게는 스스로 변명할 수 없는 치명적인 범죄 사례들이 따라다닌다. 황 정승이 죽자 사관史官 이호문李好文이 쓴 황 정승 관련 사필이 문제를 일으킨 것이다. 즉, 황희는 얼자(노비첩의 자식) 출신이라는 것, 대사헌 때는 설우라는 중으로부터 황금을 뇌물로 받았고, 매관매직을 했다는 것, 그리고 난신의 아내와 간통을 했으며 자식과 사위들의 비리 등 모두가 놀랄만한 내용들이다.

이호문이 쓴 사필을 검토하던 정인지鄭麟趾(1397~ 1478)

는 "이것은 내가 듣지 못한 것이다. 감정이 지나치고 근거가 없으니 의논을 해야겠다"며 긴급 기주관記注官 회의(사관士官회의)를 소집한다. 김종서, 황보인 등 9명의 기주관들은 "황 정승이 수상이 된 지 30여 년 동안 탐오貪汚한 이름이 없는데 어찌 믿을 수 있겠는가?"라며 "다만 삭제가 마땅하지만 실록을 고친 전례를 남길 수 없어 수정하지 않기로" 결론을 내린다. 〈『단종실록』 1452. 7. 4.〉

그러나 '실록을 고친 전례를 남길 수 없어 수정하지 않기로' 한 것은 일면, 황 정승의 비위 사실을 긍정한다는 점에서 죽은 자에 대한 인격 훼손이라는 가설을 지울 수 없다. 특히 엄청난 범죄에 대해 귀동냥, 입소문이 전혀 없었다는 것은, 사관의 개인 감정을 두둔한 것에 지나지 않는다는 의심을 할 수밖에 없다. 그러면서 실록은 사초를 기록한 사관의 사람 됨됨이로 보아 황 정승이 무고일 수 있다는 점을 은근히 암시하고 있다.

> "이천부사 이호문은 음탕하고 방종하여 명예와 절개를 돌아보지 아니하고, 이웃의 관기를 불러 음행하고 처녀를 중매해 공사로 오게 하여 희롱하는가 하면 미두米豆를 도용했는데 조금도 부끄럼이 없었다."
>
> 〈세종28. 9. 22.〉

도대체 어디에 진실이 숨어 있다는 것인가. 실록은 황정승의 비리와 관련하여 당대 사관들의 의견과 사초 등을 모두 공개함으로써 그에 대한 평가를 후대 독자들에게 맡길 셈이 분명해 보였다.

영화 출연 20여 회

말머리를 돌려 한명회의 발자취를 따라나선다. 새삼스럽게 그의 행적을 살필 필요도 없이 그는 6백 년 이쪽에서 이미 유명인사가 되어 있었다. 그가 주연급으로 출연한 영화, 드라마가 20여 편에 이르러 한때 사극작가의 펜대가 심심할 새가 없었고, 그 외의 매체가 그를 생생하게 조명한 바 있다.

서른여덟에 종9품의 말단인 개성 경덕궁지기로, 그것도 조상들의 덕분인 음서(고관의 자제는 과거를 보지 않고 관리로 채용)로 출발한 한명회의 벼슬길은 1년 후 국가 변란의 주역으로 등장하면서 탄탄대로의 출세가도에 올라선다. 왕위 찬탈의 기회를 엿보던 수양대군에게 발탁되어 김종서를 비롯한 30여 명의 신료들을 주살한 계유정난癸酉靖亂(1453. 10.)을 설계하고 연출한 것이다.

칠삭둥이로 놀림을 받던 한명회는 이 정난의 성공으로

역사의 전면에 등장한다. "종실의 후손으로서 사직을 위해 적을 토벌하는 것인 만큼 성공 못할 것이 없다"는 한명회의 비장한 충심과 결단력을 확인한 수양대군은 그에게 무한한 신뢰를 보낸다. "이번 정난의 일은 한명회가 했고, 나는 한 일이 없다"고….

그러나 수양대군의 무자비한 피바람 숙청은 끝나지 않았다. 이어진 단종복위 사건도 한명회의 오감을 피해가지 못한 것이다. 사육신을 비롯한 관련자 3백여 명을 처형하고 단종은 물론 세조 자신의 동생 안평·금성대군, 그리고 남이 장군 등의 가족까지 죽임으로써 왕기王氣의 싹을 철저하게 도려낸다.

세조의 지휘 아래 칼춤의 바람잡이가 된 한명회의 권세는 더욱 공고해졌고 그것의 증표로 공신의 지위를 얻는다. 정난靖難, 좌익佐翼, 익대翊戴, 좌리佐理공신이 그것인데, 그 중 정난 좌익 익대는 모두 '죽을 만한 사람을 죽인' 공로였고 좌리공신은 어린 성종을 보필했다는, 스스로 차린 밥상이었다. 공신에 책봉되면 토지, 노비 등이 하사되고 많은 혜택을 받는데 1등 공신을 네 차례 받았다는 것은 돈, 명예, 권력 모두를 얻었다는 뜻이기도 하다.

그가 두 딸을 예종, 성종에게 혼인시킬 때만 해도 언니

동생의 자매 관계가 어느 날 갑자기 시숙모와 조카며느리가 되는 윤리적 서열의 파괴를 괘념치 않았을 것이었다. 한명회는 이렇게 왕실과의 혼맥을 통한 정치적 배경과 자산을 확대하면서 권력의 철옹성을 쌓아가지만, 세조가 죽고 두 왕비도 후사 없이 요절하자 권불십년의 영화가 서서히 그늘이 내리기 시작한다.

세상의 모든 일들은 흥망성쇠의 곡선을 그리다가, 그 인因은 끝내 과果로 귀결된다. 이러한 이치는 절대 권력자라 해도 비껴갈 수는 없다. 한명회의 인과因果는, 절대권력은 영원할 수 없다는 진리의 확인에 다름 아니었다. 그가 죽은 지 17년이 되던 해 연산군에 의해 부관참시剖棺斬屍라는 또 한 번의 죽임을 당하자 후세 사람들은 인과응보因果應報라며 수군대고 있었고, 실록의 평가는 냉정했다.

"성격이 번잡한 것을 좋아하고 과대하기를 기뻐하며 재물을 탐하고 색을 즐겨서 전민田民과 보화들의 뇌물이 잇달았고, 집을 널리 점유하여 희첩姬妾을 많이 두어 호부豪富함이 일세를 떨쳤다"라고.

실세의 부관참시

황희는 살아생전 한명회와 대면한 적이 없었을 것이다.

그러나 황희가 현직에 있을 때 한명회는 30살 전후의 백수로서, 벽제碧蹄소리(지위가 높은 사람이 행차할 때 통행을 금하던 소리) 요란한 영의정의 행차를 바라보며 출세의 야심을 키웠을 것이다.

한명회가 계유정난의 주역이 되어 피바람을 일으킨 것이 황희가 죽은 1년 후였으니, 역사가 '만일'이라는 어휘의 차용을 용납하여 황희가 건재했더라면 계유정난이나 단종 폐위의 꺾이고 뒤틀린 대사변은 없었을지 모른다. 결과 쪽에서 바라본 이러한 가설은 안타까움을 대신하지만, 역사는 언제나 비상식으로부터의 도전을 용인함으로써 새로운 상식체계로의 회복이라는 순환질서에 순응하고 있는지도 모를 일이었다.

사람들은 일손을 놓고 은퇴하면 대체로 구애받지 않는 전원생활을 원한다. 조선시대 때의 전통이다. 양반들은 은퇴 후 경치 좋은 곳에 정자를 짓고 한일閑日을 소요하며 여생을 보냈다. 대체로 높은 벼슬을 하여 가세가 넉넉한 양반들이 누리는 호사였다.

임진강의 반구정伴鷗亭과 한강의 압구정狎鷗亭은 각각 황희와 한명회의 정자다. 이 둘은 공교롭게도 갈매기와 벗하며 지낸다는 비슷한 뜻의 정자 이름을 가지고 있다. 반구정의 반伴 자는 짝이라는 뜻의 동등한 위치의 벗을 의미하고, 압구정의 압狎 자 역시 친하다는 뜻이기도 하지만, 압은 '높은 지위의 존재가 낮은 위치의 존재를 사랑해 준다'는 의미라고 하니 눈치 빠른 갈매기가 주인의 속셈을 알아차렸는지 갈매기는 당대에도 얼씬하지 않았다고 한다.

영조때 화가 겸재 정선鄭敾(1676~1759)의 화폭에 그려져 있는 압구정은 정자라기보다는 누각에 가까운 크고 화려한 형태였다. 적어도 한명회가 죽기 6년 전, 왕명으로 압구정이 철거되기 전까지는 하루가 멀다하고 잔치가 끊이지 않았고 수많은 고관대작들이 아름다운 정취를 노래한 시문을 바쳤다는 압구정 주인 한명회는 느긋이 정자에 누워 시 한 편을 읊는다.

청춘부사직靑春扶社稷 젊어서는 사직을 위해 몸을 바치고
백수와강호白首臥江湖 머리가 하얗게 늙어서는 강가에 누워 세상을 바라본다.

이 시를 본 생육신의 한 사람인 김시습(1435~1493)은 각 연에서 한 자씩을 바꾸었다.

청춘위사직靑春危社稷 젊어서는 사직을 위태롭게 했고
백수오강호白首汚江湖 늙어서는 강호를 더럽히네…,라고.

갈매기는 오지 않는다

나는, 한때 주지육림酒池肉林에 풍악 소리가 끊이지 않았다는 압구정을 찾아 나선다. 그러나 서울특별시 강남구 압구정동에 '압구정'은 없었다. 현대아파트 72동과 74동 사이 소공원에 '압구정지'라는 표지석만 있을 뿐, 일대에 아파트가 들어차 어떤 흔적도 찾을 수 없었다. '아파트 성'이었다. 한강 물도 개발에 밀려 저만큼 나가 있었고, 사방은 건물뿐이어서 그 좋았다던 강변 풍경은 상상 속으로 편입해 두는 수밖에 없었다.

압구정 갈매기는, 친하게 지내겠다는 주인의 바람을 외면한 지도 오래되었다. 갈매기 한 마리 찾아오지 않는 것이 주인에 대한 '원성' 때문이라는 당대의 기록으로 보아 조심성 많은 저들이 지금에 와서 마음을 고쳐먹고 날아들 리가 없을 것이었다.

경기도 파주시 문산읍 임진강변의 반구정에도 갈매기가

떠난 지 오래인 듯싶었다. 반구정 주춧돌 아래의 가시철조망이 심상치 않은 분위기를 자아내고 있기는 하지만, 그렇다고 갈매기가 남북 대치의 엄중한 낌새를 알아차리지는 못했을 것이다.

반구정을 비롯한 영당影堂, 기념관, 앙지대 등 조형물들은, 임진강과 자유로 사이의 호젓한 숲속에 질서정연하게 자리잡고 있었다. 자유로를 질주하는 수많은 자동차들은 '자유'를 과시하듯 했고 강물은 바닷물이 데리고 온 만조로 인해 유속流速을 압류당한 채 양안兩岸의 처지를 살피고 있는 듯했다.

숙종 때 문신 허목許穆(1595~1682)은 그의 '伴鷗亭記'에 '조수 때마다 흰갈매기가 강 위로 모여들어 들판 모래사장에 가득했다'고 적었다. 크게 지형이 변했을 리 없는 반구정 주위에 과연 갈매기가 날아오지 않는지 나는 기념관 직원에게 물었다. 직원은, 이곳에서 17년을 근무했는데 갈매기를 보지 못했다는 것이다. 6.25전쟁 때 반구정이 소실당할 정도의 격전지였으니, 그때 놀란 갈매기가 제 새끼들에게 반구정에 얼씬거리지 말라는 당부를 남기지 않았을까?라는 생각도 해 본다.

압구정은 흔적도 없이 사라졌지만 어쨌든 반구정은 건

재하였다. 압구정의 갈매기는 당대에도 날아들지 않았지만, 반구정에는 남북 사이에 평화가 오면 다시 모여들 것이었다. 폭력보다는 평화를, 분란보다는 안정을 찾는, 갈매기의 기심機心을 믿기 때문이다.

악은 천사의 웃음을 띠고 다가온다는 말을 나는 믿지 않는다. 조선왕조 5백 년 가운데 겨우 13년이란 눈 깜짝할 사이의 영화를 위한 세조의 인륜에 대한 분탕질은 어떻게 설명을 해도 이해가 되지 않는다. 칼을 쥔 자의 칼끝이 이끄는 대로 파멸의 운명을 받아들여야 한다는 당대의 현실에 아연할 뿐이다.

그로부터 한명회는 온전한 악의 모습으로 역사 앞에 나타난다. 그들은 오로지 권력을 위해 그 권력의 단맛에 취해 인간의 법도와 당대의 가치관까지를 무참히 짓밟았다. 사육신과 그들의 친족들 가운데 남자는 모조리 죽이고 처와 딸들은 한명회 일파의 노비가 되어 성 노리개로 삼는 패륜의 행태를 어떻게 이해해야 하는가.

갖고 싶은 것을 빼앗는 그 삼엄한 글체 속에 수많은 피눈물이, 그리고 무게를 알 수 없는 고통이 낭자하고 아무런 죄가 없는 사람들조차 칼을 쥔 자의 칼끝이 이끄는 대로 파멸의 운명을 받아들여야 하는 무자비한 역사는 무엇을 의미하는가.

나는 압구정에 와서 인간의 덧없음을 배운다.

4

지하철 시대

뒤를 돌아보지 말고 앞을 바라보라고 한다. 진취적 기상이야말로 근사한 미래를 약속한다고 한다. 이치가 이러함에도 나는 왜 춥고 배고픈 시절을 자꾸 뒤돌아보는가. 처음부터 나에게는 근사한 미래가 없었다는 뜻인가.

인간 짐짝

- 제 몸보다 큰 우수憂愁

출퇴근 시간을 벗어난 한산한 시간대의 전철은 내용물이 반쯤 빠져나간 김밥의 모양새다. 남아 있는 '내용물'들은 눈을 붙이고 생각에 잠기거나 실눈을 뜨고 목적지를 가늠하면서 목을 꺾고 졸기도 한다. 그래도 그렇지, 알아듣지 못한다 하여 승객들을 모두 싸잡아 음식으로 비하하다니, 이는 불특정이라 하더라도 승객들에 대한 불경스러운 모독일 것이다.

또 최신의 전동 차량을 감히 예전의 석탄 화물차로 둔갑시켜 김밥에 비유한 것 또한 무례한 표현임에 틀림이 없을 것이다. 그것은 아마도 쉰 목소리로 굉음을 끌고 다니던 화물기차의 호들갑스러운 위용이 머리에서 지워지지 않았기 때문일 텐데, 그러므로 나의 필경筆耕은 그 첫 삽을 뜨기도 전에 힐난을 들어 마땅하다.

'라떼'의 지하철

이제 전철의 편리함은 사람들의 생활 속에 깊숙이 인이 박혀 있다. 하루의 시작과 끝을 건사하는 연결고리로서의 전철은 그렇게 삶의 질적 효용을 높이는, 없어서는 안 될 교통수단으로 자리 잡는다.

그러나 돌이켜보면 처음 전철은 애증의 대상이었다. 신기했고, 편리했고, 그래서 고마웠지만 한편으로 버스가 모든 이들의 이동수단으로 동등하게 군림했을 때의 출퇴근길의 고통을 잊지 못한다. 지하철이 고장이나 사고가 났을 경우, 바로 버스로 옮겨 타는 그 끔찍한 경험을 다시 한다는 것은 상상할 수 없는 일이었기 때문이다.

이렇게 되면 하루의 계획이 거의 초토화되고, 뒤엉켜버린 일상의 실마리를 찾는 일조차 쉽지 않아 한동안 자조와 혼돈의 늪에서 헤어나질 못한다. 전쟁의 와중을 건너가는 피난길이 따로 없었기 때문이다.

그렇다고 홧김에 불매운동을 흉내 내어 지하철을 타지 않는다고 해서 누가 답답한지는 지하철 운용 당국이 먼저 알고 있을 터였다.

그렇게 십수 년을 지난 어느 날 뜻밖의 소식이 찾아온다. 이제부터는 노인이 되었다며 무임승차 카드의 호사를 건네받은 것이다. 노인이 되고 싶어 된 것은 아닐지라도 벌써 노인?이란 섭섭한 언사와 상쇄할 만한 선물이었다. 어쨌든 출퇴근 시간을 찾는 나이를 넘겼다 해도, 특별히 외출할 일이 많지 않더라도 교통비 절약을 싫어할 이유는 없을 것이었다.

가끔 이 교통카드가 지갑 깊숙한 곳을 뛰쳐나갔나 싶어 확인할 때마다, 왜 전철을 부실한 김밥에 비유하는 무례함을 드러냈는지, 자못 솔직함과 괜한 미안함 사이를 멋쩍게 헤매게 된다. 이때쯤이면 지하철도 점차 여유가 있었다.

나는 아침저녁으로 지하철에 몸을 맡기고 밥벌이를 하던 때의 기억을 떠올린다. 그것은 만원 지하철에 원망을 담아 부르던 '지옥철'에 대한 유감을 되살려 저 무례함의 정도를 살펴야 할 것 같아서이다.

이 경우 사사로운 경험들을 불러 모아 삶의 줄기를 거슬러 올라가다 보면, 당대에 처해 있던 생활환경을 떠올리면서 삶의 또 다른 면모를 만날 수 있을 것이라는 생각이 전제가 된다. 그보다는 곰삭은 추억의 텃밭을 뒤적이는 일이야말로 혼자만의 재미를 더해 줄 것이었다. 1980년대 중반쯤으로 발길을 옮긴다.

열차가 승강장으로 진입하면서 벌써부터 지옥도의 대강은 그려진다. 그러나 힘깨나 쓰는 청년 두서너 명이 폭력 수준의 막무가내 밀치기로 겨우 탑승할 뿐이라면 더 이상의 현장 설명은 군더더기에 불과하다. 짐짝이 되기를 자청한 인간 짐짝들은 망연자실을 달래며 그다음, 또 그다음 열차를 기다린다.

당시 1호선 인천-청량리행 지하철은 승객 모두가 짐짝이었다. 만원의 열차를 몇 번 보내고 나서야 겨우 발을 들여놓을 수 있었던 객차 내부도 사정은 마찬가지였다. 발이 밟히고 옷이 터지고 단추가 떨어졌다며 목소리를 높이는 일이 다반사였고, 그것도 목적지를 지나서야 내릴 수 있었던 것이 '지옥철'의 사정이었다. 어디 그뿐인가. 대여섯 살 어린아이들은 아예 무등을 태우는 진풍경이 예사였다.

짐짝이 되어

퇴근길은 더욱 애처로웠다. 숨이 막히는 무더운 날씨에

천장에 매달린 선풍기가 내부의 열기와 무관하게 저 혼자 무심하게 돌고 있는 사이 취객들의 고성과 악취로 모든 감각기관의 문은 일찍이 닫아야 했다. 그러함에도 좌석에 편히 앉아 있는 사람들의 표정에는 무슨 벼슬자리에라도 앉은 듯 여유로운 우월감이 뚜렷했다.

그러나 잠시 후 익은 땀 냄새, 비릿한 어물전 냄새까지 세상에 존재하는 모든 악취가 아우성치는 와중에 그들 중 누가 토사물을 실례라도 하면 설상가상, 짜증과 혐오의 소란스런 상황은 마침내 모두가 모두를 원망하는 아수라로 변해간다.

여기에 더하여 잘 차려입은 예쁜 여자들이 주변에 있기라도 할 경우, 두 팔은 거추장스러워진다. 자칫 추행범이 되지 않기 위해서는 손을 머리에 얹든지, 가슴 이상 위로 올리는 불쌍한 모습을 견뎌야 했는데, 그것은 벌이었다. 만원 지하철을 탄 죄였다. 아니 자동차가 없거나 부자가 아닌 탓이었다.

시속時俗의 인내가 바닥이 나기 전에 나는 잠시나마 승객의 위치에서 벗어나 선객仙客이 되어야 한다. 그러기 위해서 침묵, 외면, 무관심의 경내境內로 들어가 눈을 감고 엉뚱한 화두話頭라도 잡고 마음을 모아야 한다. 주변 환경에 무심하다는 것, 어떠한 고통도 견딘다는 것은 수행자의 몫만이 아니라는 사실을 체득한다.

가령, 한 사람의 체온이 36도 정도, 그렇다면 과장해서 2백여 명쯤이 탔을 이 차량의 내부 온도는 7천도가 넘지 않을까? 하는 따위의 산술놀이를 하거나, 하느님은 동해물이 마르고 백두산이 닳도록 이 나라를 보우하신다며 왜 임진왜란, 병자호란, 6·25의 참화는 외면하셨는지,라는 등의 쓸데없는 생각을 붙들고 있다 보면 기특하게도 목적지역에 도착하게 되는 것이다. 해탈의 경지를 벗어나 다시 고해苦海의 속세로 발길을 옮긴다.

그때 나는 서러운 마음으로 이런 시를 끄적였다.

이른 새벽 나는 짐짝이 되기 위해 허둥댑니다.
허리띠와 구두끈을 단단히 매고 보다 확실한
70kg짜리의 짐짝이 되기 위해
출근길에 나섭니다.
두 손을 밀치고 지하철을 타지만
스치는 옷자락에도 적빈赤貧의 짐짝은 흔들립니다.
희망은 단지 새벽 별로 떠있어
우수憂愁는 제 몸보다 커갑니다.

이른 새벽 나는 짐짝이 됩니다.
흔들리는 것은 내가 아니라 작은 안식이지만
이리 밀리고 저리 밟히는 사이
나의 꽃다운 희망은 구원이 없습니다.
이미 풀려버린 허리끈과 구두끈으로
그 무엇도 잡아맬 수 없습니다. (하략)

– 「짐짝이 되어」

모두가 가는 경건한 발걸음

출퇴근 길에 지하철을 타는 일은 구곡양장九曲羊腸을 쉬지 않고 헤쳐나가는 고행이었다. 꾸불꾸불한 험한 산길이 마치 양의 창자와도 같다는 엄살은 그만큼 삶이 시고 맵다는 뜻일 것이다. 오죽하면 힘센 사람만이 탈 수 있고 약한 자는 타기 어렵다는 강승약낙强乘弱落이라는 어림도 없는 한자 조어造語 따위를 과장의 대열에 세워 놓고 나는 자괴감을 달랜다.

이러한 고통과 설움의 일상은, 심술궂게도 나만이 겪는 일이 아니라는데 다소의 위안을 찾기도 한다. 그러나 고통의 하중은 분담되는 것이 아니라 고통 자체의 무게를 짊어져야 하기 때문에 누구에게 전가할 수도, 원망할 수도 없는 일이었다. 결국 모든 것은 자신이 감내해야 하고 스스로 해결할 수밖에 없다는 체념의, 또 하나의 무게가 어깨를 누를 뿐이다.

그럴 수밖에 없었다. 서울 사람들은 모두 무엇에 쫓기듯 살아가고 있었다. 남들이 뛰어가니 덩달아 뛰는 것은 아닌지조차 스스로 돌아볼 겨를이 없다. 잠시의 여유를 부리면 남들이 자신을 앞지를 수 있다는 조바심 때문에 괜한 걸음걸이는 더 빨라진다. 모두들 그렇게 허상에 쫓기며 살고 있는지 모른다.

이 고단한 현실을 일거에 물리치기 위해서는 방법이 전혀 없는 것은 아니었다. 내가 회사 근처에 집을 사서 이사를 가든지, 언감생심, 회사가 내 집 부근으로 옮겨오든지 해야 하는데, 천지개벽이 되어도 어림없는 이 망상 또한 자괴감으로 흡수시켜야 했다.

걸핏하면 서울에 와서 사는 것이 어디 쉬운 일인가를 위안 삼아 되뇌면서도 나는 저 수많은 소시민들의 삶을 떠올려본다. 쉽게 사는 일이 쉽게 다가오지 않는다 해도 모두가 가는 여정은 '고생 끝에 낙'을 향한 경건한 발걸음이란 것을 깨닫는다. 그것이 다짐이든 스스로를 추스르는 희망이든 하루 두 번의 고역쯤이야 삶의 도정道程에 있어 충분히 감내가 되는 서글픈 고통일 것이다.

그런 시절을 묵묵히 견뎌낸 얼굴들, 아무렇지도 않게 그들을 실어 나르던 그 검은 쉿덩이는 지금 어디로 갔는가.

어느 날의 지하철

- 노인과 젊은이의 간격

전기를 동력원으로 하는 기차를 전철로 통칭統稱한다. 도시철도니 수도권 전철 등의 다른 이름도 있다지만, 전철 운용기관에서 사용하는 명칭을 모른다고 해서 이용에 불편을 겪는 일은 없다. 전철은 오로지 신속, 쾌적, 안정성의 보전이 본래의 제 할 일이다.

땅속으로 드나들던 기차가 신기했던지, 아직도 지하철이 입에 익숙한 전철은 어둡고 칙칙한 어감을 버리고 씩씩하게 피돌기를 한다. 도시의 혈관답게 사람들은 그 피돌기에 얹혀 내리고, 타고, 싣고, 떠나며 편리하게 일상을 건너간다. 물론 운행 시간을 제멋대로 이탈하여 원성을 사는 일도 거의 없다.

그러다 보니 사람 사이에서 약속을 어기는 일로 얼굴을 붉히거나 다른 핑곗거리를 궁리할 필요도 없다. 승객들은 다만, 목적지까지 할당된 시간만큼 편안함 만을 가지고 있으면 된다.

'빨리빨리'와 '대충대충'

내 몸에 의지하여 내가 살아왔듯 나는 지금 전철에 의지하여 삶의 이랑을 갈고 있다. 전철을 타는 일은 언제나 익숙한 것들을 뒤로하고 새로움과 낯섦을 만나는 일이다. 차창을 가로지르는 풍경들은 순간이동으로 연결되어 몇 개의 단순한 색감의 명암만을 보여준다. 근近과 원遠이 뭉개지고 엿보거나 살필 수 없는 풍경은 잠시의 신기루처럼 눈앞에서 바삐 사라진다.

차창에 펼쳐지는 풍경은 앞으로 나아가는 속도에 따라 뒤로 물러나는 습성에 충실하다. 빠르거나 느린 중첩된 풍경을 거느리고 지하로 들어서는 순간 차창의 풍경은 증발하는데, 검은 장막으로 시야가 가려지면서 뒷걸음치는 풍경을 거두어들였기 때문이다.

누가 말했다. 빠른 것은 망각으로의 직행을 의미하고 늦는 것은 기억에 저장된다고. 빠른 것은 빠르기 때문에 기억의 자장磁場이 미처 수습하지 못했을 터이고 느린 것은 늦는 시간만큼 감각이 여유롭게 작동할 수 있어 기억에 남을 것이다. 또 느리다는 것은 일상의 일들이 심사숙고의 과정을 거치는 동안 미숙함과 시행착오를 최소화할 수도 있을 것이다.

그러나 사람들은 삶은 속도에 얹혀산다. 빠름은 재화와 연결되고 빠른 정보는 성공의 미래를 앞당긴다는 조급함 때문이다. 빨리빨리 문화가 경쟁력으로 변신하여 우리가 사는 지금의 발전을 이루었다는 쪽에 줄 서는 사람이 많은 것을 보면 실제 그럴지 모른다. 그렇다면 이러한 빨리빨리의 경쟁의식이 생활문화로 고착되어 삶의 동력으로 정착했을 것이다.

빠르고 느림은 좋고 나쁘고의 문제가 아니다. 그것은 취향도, 호불호呼不呼도 아니며 그 자체로 선악으로 시비를 가릴 문제도 아니다. 다만 오류, 탐욕, 범죄, 비윤리 등을 간과한 나머지 그런 부정적 현상들이 빨리빨리 문화에 쉽게 숙성되는 경향이 있다는 것이다. 빨리빨리는 또 대충대충과 근친 관계에 놓여 있어 신뢰에도 문제가 있기 때문이다. 그래서 부정적인 현상은 빨리빨리 '망각'해야 한다는 것인지도 모른다.

순간을 지나치는 차창 밖 풍경은 오감五感 밖에서 존재한다. 받아들이거나 배척할 수 없는 피안의 풍경들은 그러므로 헛것들의 아우성이고 헛것들의 명멸일 뿐이다. 그것들을 뒤돌아본다는 것, 이미 과거가 되어버린 손 닿지 않는 풍경에 자신을 실려 보낸다는 것은 현실로 인양할 수 없는 안타까움을 상징한다.

노인 한 분이 밖을 보고 있다. 창밖의 세상에 자신을 투영하고 있는 그의 표정에서 아쉬움이거나 쓸쓸함이 읽힌다. 세상은 살 만하다는 안도가 아니라 그런 세상과 전혀 상관이 없다는 듯 달아나는 풍경의 꽁무니에 시선을 두고 과거행行에 잠기고 있는 듯했다.

'요즈음 것들'에 대한 시각

미래는 현재를 잠식하면서 시침이 가리키는 대로의 속도만큼 나아가되 그 이상을 허락하지 않는다. 전철의 바퀴와 궤도의 마찰이 밀도를 더해가며 속도를 높인다고 해서 그만큼 미래에 빨리 도달할 수는 없는 것이다. 미래는 언제나 한 발 앞선 자리에 있을 뿐이다.

지금 앞으로 나아가고 뒤로 달아나는 역방향 진행 사태가 노인을 중심축으로 전개되고 있다. 앞으로 나아가는 속도와 뒷걸음치는 속도는 한 치의 오차도 없이 똑같을 것이지만 그러나 우리는 분명히 앞으로 가고 있는 것이다. 살아 숨 쉰다는 것은 그런 무중력의 상태에서 혼미한 정신을 바로 세우는 일일지도 모른다.

환승역은 출퇴근 시간이 아니더라도 대체로 왁자하다. 어르신 네 명이, 그보다 많은 숫자가 합세한 듯 높은 목소리를 데리고 전철에 오른다. 보아하니 그들은 일손을 놓은 지 4, 5년쯤은 되어 보였고, 대낮부터 적당한 취기를 숨기지 않는 허물없는 사이로 사는 곳도 모두 한 시간 남짓의 종점 부근인 듯했다.

주변의 승객들은 어르신들의 큰 목소리를 못 들은 척 외면하는 것으로 예의를 표했으나 가끔 눈총을 던지는 것으로 보아 귀를 열어 놓고 있음이 분명했다. 그러고 보니 어르신들은 말끝마다 '요즈음 것들'을 달고 있다. 한마디로 요즈음 젊은이들의 행실에 대해 승객들의 동의를 구하는 듯 목소리에 힘이 실렸다.

건너편 경로석의 할머니 한 분이 말을 섞으며 이에 동조하자 다른 사람들을 의식하지 않은 이 뜻밖의 사태는

판이 커진다. 미주알고주알이 동원되고 이런저런 사례가 줄을 이으면서 마치 준비된 성토장인 듯 열기를 더해간다. 기다렸다는 듯 순서도 없고 논리에도 맞지 않은 날 선 비판이 한꺼번에 쏟아진다.

다른 것은 몰라도 왜 머리에 노랑, 빨강 물을 들이고, 왜 멀쩡한 바지는 찢어 입으며, 멀쩡한 육신에다 문신을 하는지, 어르신들의 젊은이들에 대한 비판이 가정의 잘못된 인성교육, 자유방임의 학교 교육, 마침내 국가 교육 정책에까지 확대되자 '요즈음 것들'은 이 막무가내의 민망함에 슬슬 자리를 피한다.

'몸에 밴 행동'이란 뜻의 버릇은 습관과 비슷한 말뜻을 갖고 있으나 '버릇'에 와서는 '버르장머리'로 쉽게 옮겨진다. 처음부터 버릇이 없어 마음에 들지 않는다는 것을 전제로 한 이러한 감정의 표출은 상하 관계에 있어 윗사람의 아랫사람에 대한 비속어다. 조선조 5백년의 경로사상, 그리고 장유유서의 유교문화가 빈틈없이 작동 중에 있다는 증거다.

식물의 싹이 막 나오기 시작할 무렵 건강하게 뿌리내릴 징조를 싹수라고 한다. 그러나 같은 뜻인데도 접미사接尾辭, 즉 가지(아지)가 뒤따르면 징조의 싹수는 가차없이 제거된다. 그래서 싸가지는 있다, 없다의 개념으로 구분하기에 앞서 벌써 그 자체가 싹수가 없는 것으로 이해된다. 어른들은 버릇보다 '버르장머리'로, 싹수보다 '싸가지'를 입에 담고 싶어 함이 분명해 보였다.

꼰대와 싸가지

젊은이들의 행태에 대한 우려와 근심은 수천 년 전에도 마찬가지였다. 지금의 이라크 남부의 고대 문명국가였던 슈메르인들의 유적지에서 출토된 점토판粘土版 명문銘文은 4천 년 전의 근심 걱정을 담고 있다. '요즈음 젊은이들은 버릇이 없다'고. 뿐만 아니라 고대 바빌로니아의 함무라비 법전에서, 그리고 이집트의 피라미드의 내벽에도 버릇없는 젊은이에 대한 질책의 문자들이 낙서로 써 있다니, 젊은 세대에 대한 미운털은 오래전부터 뽑히지 않고 있음을 말해주고 있다.

중국의 전국시대 사상가 한비자韓非子(기원전 280?~233)도 속이 터지기는 마찬가지였다. '스승이 가르쳐도 변할 줄 모르고, 사람들이 욕을 해도 움직이지 않는' 젊은이들의 행태를 개탄한다. 무엇이 잘못된 것인가. 세월이 지나면서 인지人智의 발달과 함께 도덕과 율법으로 촘촘히 엮어진 사회질서에 반하는 젊은이들의 행태가 오래전부터 문제로 지적되었다는 것 또한 지나칠 일이 아니다.

그렇다면 오늘 우리 사회의 젊은이들의 행태는 어른들이 어제 만든 현상일 것이었다. 그러함에도 산전수전 풍파를 겪어온 기성세대는 자신들의 오류와 실수의 경험을 까맣게 잊고 젊은이들의 미숙함이 눈에 거슬린다. 그들의 무모함과 앞뒤 가리지 않는 저돌성, 위아래 구분하지 않는 몰상식의 행태가 자신들의 젊은 날을 답습한 것임에도 모른 체하는 형국이다.

1990년대 초반경 마침내 젊은 친구들이 '사고'를 쳤다. 어른들이 들어서 썩 기분이 좋을 리 없는 노래를 만들어 부른 것이다. 가사 내용을 보면 "요즘 애들 버릇없어 어른들은 이야기하겠지만, 똑같은 얘기를 들으며 그들도 자랐는걸♬"이라며 하고 싶은 말을 곡에 담은 것이다.

젊은 세대들은 기필코 노인이 된다. 이 자연스런 추이에 의해 노인은 또 앞선 노인들을 따라가지만 그들 세대 사이의 의식의 간격은 평행선이다.

옹고집의 갑옷을 입고 자기 주장의 깃발을 높이 치켜든 노인들에 대한 젊은 세대의 조롱과 폄하는 마침내 반감의 언어로 대응한다. 그들은 '틀딱'이니 '꼰대', '노털'의 날침을 들고 전선을 형성해 간다. 이 양분된 영토에서는 언제나 갈등의 비바람이 일고 있는 것이다.

나이가 든 노인들은 기억력이 흩어지고 육신은 쇠약해진다. 그러나 이랑처럼 깊은 주름살은 세상을 살아가는 이치와 경륜이 켜켜이 쌓인 삶의 훈장일 것이었다. 다만, 살아온 시대의 도덕률이나 가치관이 오늘에 와서 급격히 퇴색되면서 그것을 받아들이지 못하는 완고함이 '싸가지 없는 젊은이들'을 백안시하는 것이다.

'노인답다'는 말은 오랜 세월 굴곡진 삶을 헤쳐오는 동안 수많은 시행착오와 성찰을 경험하면서 얻은, 관용과 양보의 순리를 존중하는 어른을 일컬음이다. 기왕에 젊은이들의 눈에 거슬리는 행태가 유구한 역사를 이어가고 있는 것이라면 이들을 가로막고 나설 용기는 뒷전에 두어야 한다. 그것이 '노인답다'의 답일 것이었다.

그러므로 인과응보라거나 자업자득이라는 비아냥에 비분강개할 일도 아니고 어차피 세월이 가면 그들도 듣는 말이니 다만, 체념이 상책일 것이다. 노인들은 젊은 시절의 전과前過도 있지 않은가?

왁자하던 노인들 일행이 전철에서 내린다. 나도 따라 내렸다.

오이도 · 오이도역

– 맛의 권력 소금

오이도역에 대한 나의 생각은 불가해不可解의 담을 넘지 못한다. 수도권 서남 방향 4호선 전철의 기점이자 종점인 오이도역이 오이도 섬과는 시오리 길의 꽤 먼 거리에 위치해 있어 섬 이름을 역 이름으로 빌려 쓰기에는 아무래도 궁색함이 드러나 보이기 때문이다.(그 후 4호선은 인천 방향으로 연결되었다.)

오히려 오이도 전 정왕역이 오이도역으로 되었어야 했는데, 그쪽도 피치 못할 사정이 있어 오이도역을 그냥 오이도역으로 부르기로 했다는 것이다. 섬과 역 사이의 거리가 멀거나 말거나 섬에 있는 전철역이라는 인식을 갖게 함으로써 관광객이라도 유치하자는 갸륵한 명분이 그대로 굳어진 것이었다.

난해한 섬 이름

'까마귀 귀 섬'이라는 이름도 그렇다. 귀신이 나오는 전설 속의 으스스한 무대이거나 많은 이야기들을 품고 있을 그런 섬뜩한 분위기가 수상스럽기는 마찬가지다. 따라서 오이도 이름과 관련하여 관심이 없는 사람은 어떨지 몰라도 오이도역에서 멀지 않은 곳에 둥지를 틀고 사는 나로서 이와 같은 의문을 갖는 것은 불가피하다.

섬의 지형이 귀를 닮았다면 그 형태는 보나마나 돌출된 외관을 보여주고 있을 것이었다. 그러나 나의 기억에 의하면, 까마귀 귀의 존재를 바람결에도 들어본 적이 없으므로 짐작을 따라 탐문에 나설 수밖에 없었는데, 예상한 대로 모든 새의 귀는 깃털에 가려진 함몰된 귀가 있을 뿐이라는 것이었다. 다행스럽게도 나의 기억력은 정상적으로 가동 중이었다.

까마귀는 오래전부터 인간사회에서 신령스러운 새, 그보다는 흉조로 더 많이 알려져 있다. '까마귀 날자 배 떨어진다'는 부정적 암시도 있지만 '돌림병에 까마귀 울음'이라는데 이르러서는, 까마귀와 인간의 관계가 결코 우호적일 수 없음을 시사해주고 있다.

까마귀가 인간 사회에 와서 왜 영물靈物이 되었는지 까마귀는 모른다. 인간 사회에서도 그것의 기원을 설명하지 않은 채 특별한 속담류 몇 개로 의미를 대입한다면, 까마귀를 인간의 동네로 소환해서는 안 될 것이었다.(이 부분은 따로 살필 일이다.)

상황이 이러함에도 사람들은 왜 까마귀를 인간의 동네로 불러들여 불길한 조짐들을 유포하는지, 나의 의문은 미궁을 벗어나지 못한다. 닮을 만할 새라면 인간 친화의 까치나 제비가 있고 닮을 귀가 없다면 하다못해 12간지의 동물 가운데서 간택簡擇하면 안되는가. 만일 원숭이가 우리 동물이 아니어서 자격이 되지 않는다면 그 외 국내산 동물을 얼마든지 선택해도 될 일이었다.

인간으로부터 없는 뿔을 하사받은 개나 쥐는 별 볼 일 없이 하찮다는 뜻의 '개뿔 쥐뿔'이라는 경멸의 언어로나마 존재감을 유지하고 있다. 개와 쥐의 사례를 강조할 필요도 없이 '닭대가리 섬, 원숭이 귀 섬'이라고 한다면 애초부터 있지도 않은 까마귀 귀에 대한 의문은 갖지 않아도 될 것이었다.

까마귀 귀의 섬은 전설의 소재로도 엮어내지 못했다. 뜻도 난해한 오질이도吾叱耳島가 조선 정조왕 때에 이르러 오이도로 바뀐 내력을 나는 알지 못한다. '나를 꾸짖는 귀섬'? '내 귀를 꾸짖는 섬?' 아무리 어순語順을 이리저리 굴려봐도 그 뜻이 어디에 숨어 있는지 알 수가 없다. 영문 모르는 까마귀는 이로부터 인간세계에 의문부호 하나를 더 남기게 된다.

소금, 물과 공기와 대등한 지위로

끝없이 펼쳐진 바다 끝머리의 작은 섬들을 가로막아 소금밭이 일구어지면서 육지가 된 섬 오이도. 마침내 전철역 이름으로까지 진출한 오이도. 전철이라는 문명의 이기가 서해바다의 한적한 옆구리까지 파고 든 이 천지개벽의 사태를 맞아 나의 오이도 앞바다에 대한 장황한 언설은 기어이 '군자 소금밭'을 떠올린다. 1970년대도 저물어 갈 즈음이었을 것이다.

교과서가 지적한 대로 전국 제일의 소금 생산지의 전모는, 바다를 가깝게 보지 못한 나에게 신기함의 일색이었다. 바닷물은 용케도 제가 누워야 할 곳을 찾아 흐르고 저

멀리 점으로 붙박여 있는 오이도와 장난감 같은 협궤열차는 동화나라에서나 있을 법한 풍경이었다. 교과서가 미처 수습하지 못한 감동의 신세계였다.

- 누님의 집은 그곳에 있었다. 문을 열면 소금밭과 지평선과 흰구름 아래 점, 점의 오이도, 옥구도가 보이는 곳, 군자 마을로 시집간 누님 덕분에 처음 마주한 풍경은 오랜 세월이 지나도 그대로 남아 있다.

군자와 오이도 일대의 소금밭에 영어囹圄된 바닷물은 비로소 유순해지면서 원양의 자유와 연안의 자맥질을 버린다. 그렇게 밀물과 썰물에서 해방된 바닷물은 인간의 부지런한 노동에 의해 길들여지는데, 햇볕과 바람이 몇 날 며칠 수면을 들쑤셔대 마침내 인간 생존의 필수 물질로 변신하는 것이다.

그렇다고 소금이, 인간이 지구상에 출현한 이후 생존의 필수 물질로 등장한 것은 아닐 것이다. 오히려 소금이 인간 출현의 당위 조건을 만들어 준 것일지 모른다. 그로부터 인간은 어떤 환경의 변화에도 생리적 욕구에 따르면서 오늘에 이른 것이리라. 그러므로 사람의 생존 조건에 있어 소금의 섭취는 물과 공기와 대등한 지위를 갖는다. 숨을 쉬지 않으면 죽듯이 숨을 쉬기 위해서는 적정량의 소금 섭취가 필요하기 때문이다.

소금은 단순하게 피골이 상접한 바닷물의 결정結晶이 아니다. 먹거리의 원초적 절대권력이다. 강한 맛을 연하게, 단맛을 더욱 달게 해 주고 맛없는 맛을 감추는 소금, 여기에 더하여 부패의 방지, 더러운 것을 깨끗이 하고 의료, 공업용 등 전방위적인 효용을 과시한다.

하다못해 귀신을 쫓는 주술용으로, 그리고 지도를 그렸다며 키를 쓰고 찾아온 이웃 아이들의 야뇨 방지 엄포용으로까지 그 보폭을 넓힘으로써 인간의 소소한 일상을 당당하게 주재한다.

소금의 민주주의 실현

교회에서는 사람들에게 세상의 빛과 소금이 되라고 한다. 세상에 나아가 어둠을 밝히는 인도자가 되고 소금처럼 순결을 옹호하며 소금이 되어 부패를 막으라는 뜻일 텐데, 예수님은 2천 년 전부터 소금이 상징하는 사회성과 효용성을 강조하고 있다.

기원전 6천 년에 소금을 채취했다는 최초의 기록이 없다면 소금의 기원은 인간의 출현 당시로 소급될 것이었다.

그러함에도 근세에 이르도록 채취 방법이 영세하고 생산 과정이 까다로워 소금은 여전히 '백색의 보물'이었다. 작은 금이라 하여 '소금小金'이라고 불리었다는 소금은 그만큼 공급이 부족했다는 반증이기도 하다.

예나 지금이나 귀한 것은 탐욕의 대상이 된다. 권력과 부의 상징인 소금은 힘 있는 자의 소유로, 전쟁과 소요騷擾를 부르다가 국가 독점의 전매제도로 전전하는 등, 소금이 가지고 있는 권력에 비례하여 그것의 잔혹사는 역사의 쪽수를 늘려만 왔다.

이 소금은 조선 조에 와서 왕의 자격시험 문제로 출제된다. 선조 임금은 10여 명의 왕자들에게, 반찬 가운데 무엇이 으뜸이냐고 물으니, 다른 왕자들은 이것저것을 가리켰지만, 광해군만은 주저 없이 소금이라고 대답을 한다. 그 이유로 "소금이 아니면 온갖 맛을 이루어내지 못하기 때문"이라(燃藜室記述)는 것이었다. 이를테면 소금이야말로 맛의 제왕이라고 했다는 것이다. 이쯤 되면 광해군이 왕재王材로서의 자격이 있다고 선조 임금은 판단한 것이다.

일제 식민지 시절인 1925년에 조성된 군자 염전은 한때 전국 생산량의 절반 이상을 담당했다. 그러나 이런 영화는 62년 만인 1987년에 염전이 폐쇄됨으로써 역사가 된다.

그에 앞서 1961년에 마침내 소금의 민주주의가 완전히 실현되는 기념비적 새 장을 열게 된다. 전매제도의 폐지와 함께 수입 자유화가 이루어져 무엇보다도 소금 부족 현상을 거두어들인 것이다.

간보기

소금이 권력의 자리에서 내려오기까지 수천, 수만 년이 걸린 셈이다. 그로부터 입맛과 취향에 따라 모두에게 가까이 다가서는 물질로 귀환한 것은 먹거리의 일대 혁명적 변화를 의미한다. 맛의 주권을 회복한 소금은 드디어 먹거리에 대한 만족도와 건강의 증진이라는 등가성을 발휘하기 시작한 것이다.

그러나 그것도 잠시, 최근에 와서 소금은 배척과 질타를 받는다. 쌀 한 톨 얻기 어려웠던 조선시대 때는 소금 한 가마니에 쌀 두 가마니였던 비싼 몸값이 과잉섭취로 인한 혈관장애, 위암 등의 주범으로 지목되면서 그 지위에 이상이 온 것이다.

인간의 생명유지 기능이라는 지존의 자리에서 필요악으로 추방시킨 인간의 변심에 소금은 억울하다. 심지어 '소리 없는 살인자' 혹은 '백색의 공포'라 하여 흰 쌀, 백설

탕, 밀가루, 조미료의 지위로 격하시켜 건강 5적으로 낙인을 찍음으로써 인간과 소금의 불화를 예고한다.

그러나 인간과 소금에 대한 두 개의 얼굴 그리기는 곰곰이 따져 볼 일이다. 1927년 군자 염전에서 소금을 생산할 즈음 우리의 평균 수명은 33~35세였다. 2020년에는 80세가 넘는 수치를 보이고 있는 것은 소금이 수명의 연장과 결코 무관하지 않다는 증거가 된다. 물론 획기적인 의술의 발달, 첨단의 의학정보, 영양식품의 섭취 등도 빠질 수 없는 원인일 것이었다.

따라서 소금의 과다 섭취가 문제이지, 소금의 인간에 대한 기여는 여전히 계속될 것이다. 많이 먹어서 좋은 음식은 어디에도 없고 많이 먹어서 탈이 나는 것은 소금뿐이 아니기 때문이다.

모든 음식은 간이 맞아야 제맛을 내고 제맛을 내는 음식은 기본적으로 간이 맞는 음식이라고 보면 된다. 짠 맛의 정도에 따라 가감加減을 엿보는 간보기는 맛의 절정을 규명하여 맛의 보편성에 근접하고자 하는 과정이다. 짜거나 싱겁지 않은 그 중간 어디쯤에 숨어 있는, 간이 맞는 맛은 바로 그 음식이 갖고 있는 고유의 맛이고 최상의 건강 음식인 것이다.

간보기는 사람과의 관계에 있어 상대의 의중을 떠보는 언어로도 자주 입에 오른다. '소금이 국민건강에 미치는 영향' 따위의 소금에 대한 간보기는 이미 결론이 나와 있다. 싱겁지도 짜지도 않은 최상의 맛에서 다소 싱거운 쪽으로 입맛을 하향 조정하라는 것이다.

오이도역에서 나는 너무 오래 지체해 있었다.

5

여름 · 겨울

더위의 고통은 서늘한 곳을 찾는 데서 오고 추위의 고통은 따스함을 바라는 데서 온다. 이 말은 보이는 것은 보지 않고 보이지 않는 것을 보는 불국토佛國土에서만이 통용되는 선문답禪問答일 것이다.

여름나기

– 지혜와 고육책苦肉策

해가 갈수록 여름나기가 힘이 든다. 지병도 없고, 남들이 한 살 먹을 때 혼자만 두서너 살씩 먹는 것도 아닌데 심신이 엿가락처럼 늘어진다. 선풍기 에어컨을 번갈아 마주하다가 비몽사몽의 반수半睡 상태를 즐기는 것으로 피서를 대신하는데 그러나 제동장치가 풀려버린 인내심은 결국 얼음물 한 바가지를 머리 위에 쏟아붓게 한다.

7월의 햇살은 불화살처럼 등등하다. 이 폭염의 기세를 피해 저마다 산이나 바다를 찾을 궁리를 하지만, 더위는 한사코 동행을 자청하며 물러나지 않는다. 오히려 땀 흘리는 일을 하거나 뜨거운 보양 음식으로 더위를 이기는 방법이 있다고는 하지만 가만히 있어도 땀이 비 오듯 하는데 땀구멍을 활짝 열어 놓아야 기력만 빠져나갈 것이었다.

탁족濯足과 죽부인

어떤 대상을 하나 정해 놓고 온 정신을 집중하는 삼매경을 피서의 방법으로 권하기도 한다. 그 앞머리에 책 읽기가 단골로 지정되어 있는데, 책 읽기도 목적한 바의 각오가 뚜렷하거나 웬만큼 재미를 붙이지 못하면 아예 낮잠 행行이 되든지 아니면 등목으로 일시 모면을 택한다. 독서가 아니더라도 마음에 잡생각을 버리면 불 속에서도 시원하다는 것은 수양이 높은 옛사람들의 피서관이었다.

조선 22대 정조 임금은 마음을 가라앉히고 책을 읽는 것으로 더위를 견뎠다. 임금은 "더위를 피해 자꾸 서늘한 곳을 찾아다니다 보면 거기서도 견디지 못하고 또 다른 서늘한 곳을 찾을 것이다. 그곳이 어디든 지금 이 장소에 만족하고 참고 견디면 여기가 바로 서늘한 곳"이라며, 신하들에게 이른다.

그러면서 정조 임금은 "책을 읽으면 몸이 치우치거나 기울어지지 않고 마음에 주재主宰가 있어서 외기外氣가 자연히 들어오지 못하게 된다"고 했다. 밖의 더운 기운이 마음의 둘레에 쳐 놓은 평정심平靜心의 담장을 넘지 못한다는 이야기인데, 이쯤이면 간서치看書痴(책에 미친 바보)가 되어야 할 것이다.

그러나 먹고 사는 일에 한시의 겨를이 없는 백성들에게는 풍류의 여유가 있는 사대부들의 극서克暑의 방법에 고개를 돌릴 것이다. 더우면 더운 대로 당장의 방법을 찾아, 옷을 벗고 물에 뛰어들거나, 옷을 입고 나서는 부채 하나를 들고 그늘을 찾는데 만족할 것이다.

더위는 피하는 것이지 맞서서 승부를 가르는 일이 아니다. 더위와 싸워서 이길 리 없고 쫓는다고 도망가지 않는 더위와의 전쟁에서는 그러므로, 매번 더위를 먹는 패배의 쓴맛을 보게 된다. 더위와 화火의 근본은 동질성으로 연결되어 있기 때문이다. 그래서 한여름 폭서기간 동안은 세 번을 엎드려 항복한다는 삼복三伏이라는 이름이 만들어졌을 것이다.

옛날 우리 선조들은 여름 한낮 산수 좋은 물가에 그늘 하나를 잡고 앉아 발을 씻는 탁족濯足을 즐겨했다. 장기나 바둑을 두거나 한편으로는 시회詩會를 열어 흥취를 돋우는 탁족은 상상만 해도 시원함을 느낀다. 또 염천의 천렵은

농사일에서 잠시 여유를 즐기는 백성들의 피서법의 하나였는데, 물고기 한 소쿠리의 전리품은 어죽이 되어 동네 잔치의 일품요리로 등장하기도 한다.

어르신들은 땀을 방지하기 위하여 대로 만든 토시와 등걸이를 상용했고 특히 죽부인은 아버지만의 전용이었다. 대나무를 길게 쪼개 다듬어 얼기설기 엮은 통기성 만점의 여름밤 수면용품인 이 죽부인은 아버지 대에서 아들로 넘어와 사용해서는 안 된다는 불문율이 있다. 그럴 것이었다. 이 나라의 지엄한 유교적 윤리관은 죽부인의 부자 공용을 허락하지 않았다.

선비들은 이 죽부인을 의인화擬人化하여 죽희竹姬, 죽첩竹妾으로도 부르며 아꼈고, 이에 시샘이 난 주인 마님은 건장한 노비를 연상케 하는 죽노竹奴, 청노靑奴라 이름을 붙여 주고 잠자리에 불러들였다. 또 대궐의 궁녀들은 자신이 좋아하는 사람의 벼슬 이름을 붙여 죽별감이니 죽참봉으로 부르고 희희낙락했는데, 사람 사는 세상에서의 남녀 상사相思가 낳은 명칭들이었다.

더위와 추위가 없는 무한서無寒暑

고려 충렬왕 때 문신 이곡李穀(1298~1351)은 그가 쓴 한

문소설 「죽부인전」에서 한낱 죽가공품에 불과한 죽부인을 순종의 미덕이 있는 양반집 규수로 묘사하고 있다. 그의 문장 일부를 옮긴다.

치장하지 않아도 매끈한 피부에 / 절개가 있어 혹하지 않고 / 시샘도 안 하고 / 끈적끈적 붙지도 않고 / 언제 안아도 투정도 없고 / 다리를 얹어도 무겁다 하지 않고 / 벽장에 세워 두어도 외로움을 타지 않는다 …,고.

죽부인이 초대 받은 곳은 이뿐만 아니다. 아마도 점잖은 친구들과의 시회詩會였을지 모른다. 죽부인을 빗댄 외설猥褻의 문장이, 웃음꽃을 피우며 은유되고 있는 풍경이 상상된다.

바람에 취하신 듯 소리에 취하신 듯
세워도 휘청휘청 눕혀도 낭창낭창
얽히고설키어 가만가만 계시네

마음에 잡생각을 버려야 더위에서 벗어날 수 있다는 것은 더위를 의식하지 않아야 더위가 물러난다는 뜻이다. 세상일은 마음먹기에 달렸다고 쉽게 이야기 하지만, 이렇듯 의지의 한계를 넘어 무의식의 세계와 교감할 수 있을 정도라면 더위와 추위뿐 아니라 어떤 고통이나 불행도 극복할 수 있을 것이다.

찜통더위 속에서의 요란한 피서 행렬을 보면서 사색과 명상에서 한가로움을 찾았던 옛사람들의 피서법이 고결하게 다가온다.

입술에 붙은 밥알 하나도 무겁다는 한낮의 여름, 제자 스님이 큰 스님에게 묻는다.

> 스님, 더위와 추위는 어떻게 피합니까?
> 더위와 추위가 없는 곳으로 가거라.
> 더위와 추위가 없는 곳이 어디입니까?
> 더울 때는 네가 더위와 하나가 되고 추울 때도 네가 추위와 일체가 된다면 그곳이 바로 추위와 더위가 없는 무한서無寒暑이니라.

옛날부터 내려오는 고승들의 언행 가운데 후대의 가르침이 될만한 선문답을 수록한 벽암록碧巖錄(43칙)에 나오는 내용이다. 중국 당나라 때의 동산양개洞山良价(807~869) 선사는, 더위와 추위는 외부의 객관적 현상 때문이 아니라 덥거나 춥다고 느끼는 마음이 만든 생각이 고통을 가져다준다고 말한다.

더위의 고통은 서늘한 곳을 찾는 데서 오고, 추위의 괴로움 또한 따스함을 바라는 마음에서 온다는 이 말은, 보이는 것은 보이지 않고 보이지 않는 것을 보는 불국토佛國土에서만이 통용되는 선문답일 것이었다. 춥고 더운 것을 분별하지 않고 외부의 환경에 무심해야 한다는 이러한 선적禪的 서술은 중생들의 더위 해결에 하등의 도움이 되지 않을 것이었다.

냉수 한 사발 땀 한 사발

더위를 피하는 방법에 있어 마음을 가라앉히는 것만 있는 것은 아니다. 실학자인 다산 정약용丁若鏞(1762~1831)은 재미있는 놀이를 통하여 취향에 따라 때와 장소를 정해놓고 더위를 사라지게 하는 여덟 가지 방법[소서팔사消暑八事]을 제시한다. 소나무 숲에서 활쏘기, 느티나무에서 그네타기, 빈 정자에서 투호놀이가 적극적으로 더위에 맞서는 것이라면 연꽃 구경, 매미소리 듣기, 바둑 두기, 비 오는 날의 시작詩作, 달밤의 탁족이 운치 있는 비활동성 여름나기임을 귀띔한다.

여름 화로, 겨울 부채라는 뜻의 하로동선夏爐冬扇이라는 성어가 있다. 쓸모가 없거나 격에 맞지 않을 때의 비유 대상으로, 또는 물건은 사용하기에 따라 유용하고, 세상에 무용지물은 없다는 뜻으로도 인용하는 하로동선, 옛 선조들은 이 여름 화로와 겨울 부채의 유용함을 역발상의 전천후 피서·피한의 방법으로 접목시키고 있기도 하다.

그러나 늘어진 심신을 일으켜 세우고 굳어져 가는 육신에 열기를 불어넣기 위한 이열치열, 이냉치냉의 옛사람들의 지혜는, 오늘을 사는 참을성 없는 사람들에게는, 이 고육책苦肉策에 우호적이지 않다. 고통은 피하거나 소멸로 인도하는 것이야말로 편안한 삶으로 가는 방법으로 여기고 있기 때문이다. 그럴지도 모른다.

한낮의 기온 35도, 날씨 맑음. 기상청에서 발표한 오늘의 일기예보다. 싸이렌 소리만 울리지 않았지 이 정도면 폭염 공습경보다. 제철을 만난 여름은 사람들을 의지의 시험대 위에 올려놓고 인내심의 눈금을 높이고 있다. 동산선사의 가르침에 따르자면 현재의 기온보다 3~4도 더 높은 체감온도로 올려놓아야 비로소 더위와 하나가 될 것이었다.

그렇다면 지금보다 서늘하다고 느낄 수 있는 더위의 임계점은 몇 도가 되어야 하는지. 윗통을 벗고 장작을 패는 일에 열중하거나 그게 아니라면 사래 긴 밭에 들어가 풀이라도 뽑으면서 체온을 더 올려야 할 것인가.

이제 비가 온다고 예보하면 햇볕이 쨍쨍하고, 구름이 가끔 끼고 화창한 날씨로 이어질 것이라면 우산을 챙기던 때가 다시는 오지 않을 것이다. 기상과학의 발전이 오보誤報를 용납하지 않기 때문인데, 그 대신 그때보다 점점 올라가는 기온의 이상현상은 누구를 탓해야 하는가.

여름은 더워야 한다지만 기온이 체온의 높이로 점점 다가올 때는 신경의 작동이 느슨해지면서 정신이 아득하다. 땀으로 빠져나온 수분은 바닥이 나 시원한 냉수 한 사발이 요구되지만, 냉수 한 사발은 내 몸 안에서 그만큼의 땀으로 다시 만들어질 것이었다. 냉수 한 사발의 공급과 배출의 반복으로는 기온과 체온의 분리가 불가능하다는 사실만을 알려줄 뿐이다.

넓은 대청마루에 돗자리를 펴고 등골이 서늘하게 큰 대자로 눕고 싶다. 그러다가 탱자나무 울타리 뒤란에서 우는 매미 소리를 들으며 오랜 친구와 수담手談이라도 나누고도 싶다. 체감온도 37도, 한낮의 여름이 너무 지루하다.

겨울나기

– 고장난 인간진화

겨울바람이 매섭다. 지난해의 추위를 완전히 복원한 한기寒氣가 몸 구석구석을 파고든다. 언제 적 겨울이었던가. 추위는 제철에 정확히 찾아왔고, 칼끝과도 같은 매서운 바람이 진동이 되어 전신을 타고 흐른다. 턱과 턱이, 치아는 치아끼리 맞부딪치며 겨울 중심부를 당당하게 건너오고 있다.

겨울바람에 문풍지가 징징댄다. 창호지 문틈 사이로 첫눈이 바람을 타고 군무에 열중이다. 우물가 부근의 그 많던 참새들은 눈보라에 비상을 걸었는지 모두들 재택근무에 들어간 모양인데, 마루 밑의 순돌이는 신이 난 듯 뜨락에 발자국을 그려놓는다.

요즘 추위는 추위가 아니라고들 했다. 한강이 꽁꽁 얼었고 손과 발이 벌겋게 동상이 든 것은 예사였으며, 썰매를 타면 하얀 입김의 증기통 하나씩을 갖고 있는 듯하던 때. 군고구마 몇 개로 긴 밤을 준비하고 이불을 뒤집어쓴 채 추위를 이겨낸 날 아침에는, 10여 명의 식구들이 제대로 세수를 할 수 없어 대충 찬물을 얼굴에 바르고 등교하던 일. 그렇게 겨울을 보냈었다.

그 겨울의 추위

겨울에는 두말할 필요도 없이 배 속이 든든해야 했다. 허기가 지면 추위에 추위가 더하고 어린 마음에도 설움이 몰려와 배를 더 고프게 한다. 우리 집은 왜 식구가 이렇듯 많고, 왜 이토록 형제가 많은지 나는 차마 부모님께 이 말씀을 드리지는 못했다. 가끔 엇비슷한 말이 나오면, 사람은 누구나 제 먹을 것은 가지고 태어난다는 말씀을 믿을 수밖에 없었다. 꽁보리밥이든 아니면 나물죽이든 감사하라는 뜻이었을 것이다.

삶의 주어主語를 잃어버리고 그렇게 배가 고팠던 시절. 해마다 4, 5월쯤이면 '절량농가'라는 큼지막한 한자가 신문

지상에 단골로 올라있던 걸 기억한다. 세월을 더듬어 올라가면 60년대 초반을 넘어서까지만 해도 보리풀때죽으로 끼니를 해결해야 했고 운이 좋으면 구호물품인 우유 가루에 사카린을 물에 타 마시곤 했다. 그러다 보니 영양실조는 그 겨울이 가기 전 문을 두드렸고, 보릿고개는 일찌감치 문 앞을 기웃거렸다.

여기에 더하여 이리 차이고 저리 밟히던 조선 백성들은 아비규환의 대흉년을 만난다. 가뭄, 홍수, 장마, 폭염, 한여름의 우박과 서리, 황충이라는 메뚜기 떼의 습격 등등은 삶을 정조준한 피할 수 없는 직격탄이 되었고, 인육을 먹거나 흙을 삶아 먹을 지경이 되었다. 또 각종 전염병은 삶을 송두리째 흔들어 놓는다. 홍역, 장티푸스, 콜레라, 이질 등 역병은 물론, 발진티푸스, 두창이 휩쓸고 지나간다. 살아 남는다는 것이 기적같은 일이었음을 각종 기록들은 전하고 있다.

이러한 상황에서 우리의 먹거리가 오늘에 와서 크게 확장된 분야도 있다. 산과 들 그리고 바다에 지천으로 있는 산나물, 해초가 그것이다. 세계적으로 나물 문화가 발달한 우리나라는 4백여 종이 넘는 나물이 식용과 약용으로 사용되고 있고, 40여 종류에 가까운 바다풀이 우리 선조들의 기근 해결에 친화적 역할을 다했다는 것이다.

그러나 우리 선조들은 식용, 비식용을 알 수 없었을 때 독초의 유무를 가리기 위해 먹고 죽기도 했을 터이고, 이렇듯 산약초는 우리 선조들이 목숨을 걸고 찾아낸 약초였고 기근이 발견한 식재료였던 것이다.

참으로 지지리도 못 살던 시절이었다. 사람들은 인류의 역사를, 인간의 강인한 의지로 싸워서 이긴 위대한 결과라며 스스로 허장성쇠虛張盛衰를 말하지만, 이 배고픔의 양상은 싸워서 이길 수도 없는 거의 연전연패의 결과라서 안타까움이 큰 것이다.

14세기부터 19세기 후반까지는 세계적인 소빙하기로 한반도는 걸핏하면 이상기후로 몸살을 앓았다. 공교롭게도 조선왕조 집권기간과 거의 일치하는 이 재난은 백성들의 영세한 처지를 더욱 어렵게 만들었다. 순풍순우順風順雨만을 기대어 오순도순 살아왔던 백성들은 하루 아침에 모두를 잃는다. 게다가 설상가상의 전쟁은 조선 천지를 아비규환의 지옥으로 이끌고야 만다.

이상기온 → 흉년 → 전쟁 → 전염병

① 계갑癸甲 대기근(1593~1594) 70만 명 아사 ② 병정丙

丁 대기근(1626~수년 지속) ③ 경신庚申 대기근(1670~ 1671) 80만 명 아사 ④ 을병乙丙 대기근(1695~1699) 5년 동안 141만 명 희생(당시 인구의 19.7%) 등 내용이 기록에 보인다. 여기에 더하여 이괄의 난(1624), 정묘호란(1627), 병자호란(1636), 홍경래의 난(1811), 진주민란(1862), 병인양요(1866) 등 민란, 외침, 가뭄, 우박, 메뚜기 떼의 창궐 등 아비규환 속에서의 흉년은 백성들이 살 수 있는 여지를 주지 않았다.

선조 때 이조판서를 지낸 문신 이기李墍(1522~1600)는 당대의 참상을 이렇게 증언하고 있다. 임진왜란과 함께 찾아온 흉년이 백성들을 죽음으로 내몬 것이다.

> "계사년(1593) 겨울부터 갑오년(1594) 봄까지는 길에 버려진 시체에서 옷을 벗기더니 그 뒤에는 죽은 사람의 살점을 베어 먹거나 사람을 유인해 삶아 먹었고 끝내는 부모가 자식의 살점을 먹고, 자식이 부모의 살점을 먹었다. 아, 예부터 듣기 힘들었던 일을 직접 보기까지 하고, 직접 보고도 이상하게 여기지도 않는구나!" 〈艮翁疣墨〉

먹지 않은 만큼 쌀을 모아 좋은 일을 한다고 단식을 해

본 일이 있었다. 거식증拒食症이 있는 것도 아니고, 멀쩡한 학생이 굶으니까 하숙집 아주머니는 남의 자식 죽는 줄 알고 안절부절하며 말렸다. 다섯 끼쯤 지나면서부터는 배가 고프다는 생각이 점차 사라지고 눈꺼풀이 무거워지면서 오히려 편안하다는 생각이 들었다.

음식을 먹지 않는 것은, 일찌감치 인간 스스로 정의한 식食, 색色, 수睡 욕망 가운데 식食 즉, 생명을 포기하는 것인데 이게 말이 되냐며 호들갑을 떠는 친구에 의해 단식의 결행은 중도에 그쳤지만 그토록 많은 시간을 굶어본 경험은 처음이었다.

먹는 문제 가감加減이 없다

그때 나는 이런 생각을 했다. 인간의 떨쳐버릴 수 없는 욕망 가운데 먹는 것, 성적인 욕망, 그리고 잠자고 싶은 욕망만이 있을 수 없다는 사실이다. 물론 먹는 문제가 해결되지 않으면 죽음으로 연결되지만 잠자는 것, 성적 욕망은 당장 목숨과 직결되지 않는다는 것에서 의문이 생겼다. 그러면서 하루 한 끼만 먹으며 살 수는 없는 것인가?를 생각에 덧붙였다.

나의 이러한 궁리는 인간의 본성에서 자유롭지 못하다

는데 근거를 두고 있는데, 그렇지만 엉뚱하게도 인간은 이성적 존재이기 때문에 식욕에 대한 오래된 습관을 과감히 수정하여 하루 한 끼로의 만족도로 변화시켰어야 하지 않았을까?라는 상상을 해 보았다.

어떤 학자는 이러한 상황을, 인간의 진화가 인간의 신체 구조를 스스로 따라잡지 못하고 오작동을 일으킨 것이라고 하지만 이 또한 이해난難이다.

따라서 어리석은 생각이지만 인간에게 식욕은 왜 있는 것인가. 꼭 세 끼를 먹어야 하는 것인가, 두 끼만 먹으면 안 되는가, 하는 따위의 의문이 들었지만 곧 수정할 수밖에 없었다. 왜냐하면 밥은 왜 먹어야 하는지, 굶으면 어떤 현상과 마주치는지, 또 '한 끼나 두 끼론論'이 얼마나 허기진 일인지 더도 말고 세 끼만 굶어도 답이 나온다는 결론에 이르기 때문이다.

그냥 그대로 하루 세 끼를 먹어야 생명이 원활하게 유지되고 오감이 제대로 작동되며, 비로소 지성을 갖춘 지금의 인간의 모습이 되기 때문이다. 재난을 수없이 겪은 민족이지만 식욕 자체에 변함이 없듯이, 먹는 양量의 가감加減 또한 있을 수 없다.

이제는 맛과 영양 등을 계량화하여 적정량을 배합, 제한

하기도, 또는 각기 다른 식재료를 선택하여 새로운 향미香味를 개척해 나감으로써 네 끼, 다섯 끼의 식도락을 즐기고 있지 않은가.

이제 먹는 문제는 해결되어 배를 곯아 죽는 사람은 거의 없다. 말이 그렇지 우리 선대들이 피눈물 나게 노력한 결과이다. 어떤 부분에서는 과소비가 새로운 문제로 대두되기에 이르렀다.

나는 아무리 생각해도 하루 한 끼 가지고는 겨울을 날 수 없음을 일찍이 체험한 바 있다.

6

산 · 섬

그리움의 대상은 닳고 닳아 훼절되어 판독이 어려웠으므로 외로움은 저 혼자 외로울 뿐이다. 그러나 그것은 바다와 섬, 섬과 산은 하나의 완정태完整態로 보게 되는 단서가 될지는 모를 일이다.

야성野性의 섬

– 난해한 풍경

여름 바다 앞에 섰다. 바다는 원양과 연안의 구분 없이 잔주름을 활짝 펴놓고 한일자로 누워 있다. 그러다가 태풍이 해수면의 피하질皮下質까지 들쑤시면 바다는 길들여지지 않은 거대한 포유동물과도 같은 야성을 드러낸다. 바다가 영도하는 이러한 거친 파도의 속성은 끊임없는 반복을 통해 근육질을 키우고 단련시키면서 인간에게 죽음의 공포로 다가온다.

이렇듯 여름 한가운데를 불쑥 찾아온 태풍은 인간의 삶터를 여지없이 유린한다. 바다와 처음 대면했을 때, 하늘과 바다와 수평선뿐인 이 단순 구도의 과거완료형 풍경이 왠지 수상했고, 저녁 어스름경 섬에 발을 들여놓았을 때는 밤과 함께 구름이 잔뜩 내려앉아 있었다.

섬으로부터의 자유

돌담을 둘러친 허름한 집 서너 채로 무인도를 모면한 섬은, 지청구를 먹은 강아지처럼 어둠 속에서 웅크리고 있었고, 그러거나 말거나 피서객들은 높은 목소리에 매달려 마지막 세상의 마지막 밤인 듯 그 밤을 소음 속으로 인도하고 있었다.

예의와 염치를 내려놓은 젊은이들의 광란의 놀이 잔치는 용왕님에게 폭풍우를 불러 달라는 기원 굿판일지 모를 일이었는데 이러한 나의 못마땅한 심사는 어둠이 이미 깔렸음으로, 밤은 점점 깊어갔음으로 그 누구도 눈치채지는 못했을 것이었다.

아니나 다를까. 굿판의 효험이 하늘을 움직였는지 장대비가 순식간에 섬을 덮는다. 거센 비바람이 난장이든 파장이든 쓸어 담고, 불빛이란 불빛이 모두 수거된 자리에 천둥번개가 제 세상을 만나고 있다. 바야흐로 천지개벽의 무섬증이 소름을 키우면서, 세상의 마지막은 그렇게 오는 것임을 보여주는 듯했다.

아침이 찾아와도 상황은 개선되지 않았다. 비는 그치지 않았으며, 오후가 되면서 겨우 뱃길이 열리자 사람들은, 아쉬움의 잔해가 널려 있는 을씨년스러운 풍경을 뒤로하고 부랴부랴 섬을 떠난다.

피서객들도 이 난해한 사태에 손을 놓아버린 듯 망연자실의 표정을 거두지 못한다. 섬을 보위하고 있는 바다는 때때로 인간의 기슭에 출몰하여 이렇듯 두려움을 방목할 것이다.

그제서야 섬이 한눈에 들어온다. 바위투성이의 절벽이 뻘쭘하게 서 있고 사람이 살고 있다는 듯 자잘한 잡동사니들이 분별없이 나뒹굴고 있다. 요컨대 섬에는 필요와 불필요의 구분이 없고 특별히 눈요기할 만한 것들도 마땅치 않은, 의문과 질문이 거세된 이방 세계였다. 나는 이 섬에 대해 알고 있는 것이 없다. 이틀 밤을 으스스하게 지내면서 알려고도 하지 않았다.

마침내 섬의 사방이 활짝 열려 있었다. 그러나 육지는 멀고도 멀어 한 발짝도 나갈 수 없는 외딴 섬이었다는 것. 노를 저어야 움직이는 작은 고깃배로 생계를 찾아야 하고 학교, 병원은 꿈도 꿀 수 없는 곳. 이 눈물나는 섬의 형편은, 정기적으로 도선導船이 드나들고 등산로를 개설하는 등 관광객 유인시설물들이 들어서고부터 그나마 활기를 띠기 시작했을 것이다.

외로움을 견디는 힘

절해고도는 절대고독의 성지였다. 어떤 연대기年代記를 속속 들여다보아도 외딴 섬의 지층에는 바람소리와 파도의 음률만이 촘촘히 박혀 있을 것이었다. 그것은 절벽의 틈 사이에 뿌리를 내리거나 갸날픈 들꽃 한 송이로 환생하기도 하지만, 외로움을 뿌리치지 못한 꽃들은 끝내 바람결에 제 생애를 맡긴다.

그러므로 외로움을 견뎌내는 힘을 나는 그리움이라고 믿는다. 물론 이러한 정의는 근거가 없다. 그리움의 대상은 닳고 닳아 훼절되어 판독이 어려웠으므로 외로움은 저 혼자 외로울 뿐이다. 그렇지만 그것은 섬과 바다를 하나의 완정태完整態로 보게 되는 단서가 될지는 모를 일이다. 외로움이 그리움과 종이 한 장의 앞 뒷면 차이라 하더라도 외로움은 단수單數로의 존재를 의미하고, 그리움은 자신으로부터 떠난 또 다른 자아自我에 대한 열망의 표현일 것이기 때문이다.

'여기에서 바라보는 저기'는 호기심과 궁금증이 만개한 신세계였다. 섬에 은닉되어 있는 것이 금인지, 돌인지, 혹은 로빈슨 크루소가 살던 곳은 아닌지는 죽음을 무릅쓴 용기를 끌어안고 섬으로 들어가 봐야 알 수 있을 것이었다. 마침내 발목을 물에 담가본다. 잔잔한 파도가 발등을 간지럽힌다. 이런 '무책이 상책'인 경우도 있다지만 무작정 바다에 뛰어드는 원시적 만용蠻勇으로는 아무것도 이룰 수 있는 것이 없을 것이었다.

먼 바다에 또 다른 한 점 섬이 떠 있다. 궁금증의 보따리는 하나의 연상聯想으로부터 실마리를 찾아야 할 것이었는데, 바다가 양육하고 있는 근사한 이야기, 그것의 전말을 잰걸음으로나마 만나고 싶다.

선인先人들의 표류기라든가, 바다에 둘러싸인, 섬에서의 귀양살이라든가, 바다를 중심으로 한 안팎의 이야기가 그것이다.

문득 2백여 년 전 풍랑으로 바다에 버려진 홍어 장수 문순득文順得(1771~1847)의 생사고비를 엿듣는다. 그는 오키나와, 필리핀, 청나라 등에 4년간 표류하면서 현지의 언어를 익혔고 처음 보는 외국의 문물을 본 대로 남겼다.

뿐만 아니라 거꾸로, 제주도에 표착하여 말이 통하지 않아 9년 동안이나 머물고 있던 필리핀 사람 다섯 명을 무사히 고국으로 돌아가게 함으로써 그의 통역 실력을 입증하기도 하였다.

온갖 고통을 겪으면서 의사소통이 가능할 정도의 외국어 실력을 닦은 그는 마침내 조선 최초의 통역사가 된 것이다. 그에게 있어 귀향은 역경을 극복한 인간 승리의 도정道程으로써 끝내는 종2품 가선대부라는, 생각지도 않은 큰 벼슬이 그를 기다리고 있었다.

바다에 와서 바다 사람의 어떤 기구한 우여곡절을 떠올려 본다.

일출 · 일몰

– 안면도

제 몸 불살라 하루를 탕진하고 돌아온 태양은 일몰의 바다에서 노을의 영접을 받는다. 고깃배 몇 척이 그를 배경으로 근사한 피사체로 돌아서자, 일찌감치 봄맞이에 나선 여행객들은 카메라를 설치해 놓고 뷰파인더에서 눈을 떼지 못한다.

박모薄暮가 드리운 서해 안면도 앞바다의 저녁 풍광은 가슴을 설레게 한다. 4월의 꽃들은 쉴 새 없이 피고 짐으로써 봄이 무사 안착했음을 보여주고 있고, 꽃내음 또한 바닷바람과 함께 후각을 즐겁게 했다. 바다는 유순했으며,

이슥고 어둠이 당도하면 갯벌의 세계에도 어제처럼 잠에 들 것이다. 아니다. 갯벌은 파도의 이명耳鳴에 잠들지 못하고 인간에게 돌려줄 먹거리들을 제 품에서 생육하고 있을 것이다.

섬에서 육지로 승격

안면도의 자연은 바다와 소나무가 가지고 있는 청색과 녹색 두 개의 빛깔로 펼쳐져 있다. 바다는 투명한 쪽빛이었고 저러한 바다 빛은 하늘을 닮아 서로가 서로를 인양하고 있는 듯했다. 섬을 뒤덮고 있는 소나무와 원근의 흩어진 점점의 섬들은 이제 막 붓질을 끝낸 수채화 속에 들어앉아 있다. 한때 왕실의 특별 관리를 받던 귀한 몸답게 늘씬한 키에 붉은 몸체, 그리고 머리쪽에 잎들을 얹어놓고 있는 안면송松은, 사람으로 치면 미끈한 상남자, 혹은 우아한 귀부인으로 불러주어야 할 것이었다.

나는 능선을 따라 도열해 있는 솔숲을 거닌다. 햇살이 솔잎 사이로 가늘게 비출 때 나는 멈칫 거미줄이 얼굴을 덮는 착각에 빠지기도 했고, 바닷바람에 잘 숙성된 솔 향기에 온몸을 맡긴 채 그렇게 걷고 또 걸었다.

충남 태안군 안면도 꼬리 부분의 영목항은 멀리 대천항

을 마주 보고 있다. 그 사이의 원산도와는, 원산안면대교가 놓였고, 원산도에서 다시 대천항까지는 해저터널이 개통됨에 따라 교통, 관광, 물류, 유통의 원활한 편의성을 갖추게 된다. 서해안 시대를 여는 골격이 당당하게 세워지게 된 것이다.

나는 영목항 인근의 언덕, '바다와 솔숲'이라는 펜션에 여장을 풀었다. 안면도를 상징하는 또 다른 이름인 바다와 솔숲은 동·서·남 세 방향이 활짝 트인 전망대와도 같은 곳으로, 펜션의 옥상이었다. 펜션 아래에서는 바위 절벽을 두드리는 해조음이 끊임없이 올라왔고, 하늘과 바다와 원근의 풍경들이 하나의 구도 속에 적절히 배치되어 있는 아름다운 곳이었다.

나는 이곳에서 이틀을 묵을 예정이다. 서해 바다에서의 일출과 일몰을 단 하루에 같은 장소에서 볼 수 있다는, 소문이 나지 않은 곳이라는 소문을 듣고 찾아온 것이다. 당진, 보령 등 인근의 몇 군데에 이런 장소가 있다는 진짜 소문을 들은 적이 있었으나 이곳 영목항도 빠질 수 없다는 말에, 최초의 신천지 발견자라도 된 듯 기대감이 동쪽 방향으로 모아진다.

그러고 보니 모두들 바쁜 세상에 혼자만이 한가하게 호

사를 누리는 것 같아 두루두루 미안한 생각이 들었다. 그러나 그것이 호사일지 아닐지는 어느 한쪽의 손을 들어줄 일은 아니었다. 일출, 일몰을 보는 것쯤은 마음만 먹으면 그렇게 어려운 일이 아닌 것이기 때문이다. 게다가 일출을 본 자리에서 방향만 바꾸고 돌아앉으면 일몰까지 볼 수 있다는 것이 호사라는 이름의 왕관까지 씌워줄 일은 아닐 것이다. 왜냐하면 근동 사람들은 벌써부터 알고 있는 사실이었으며, 어떤 계기로든 새로운 명소로 자리매김한다면 관광객들로서 그보다는 뜻밖의 일거양득의 신기한 일이 아닐 수 없기 때문이다.

새로운 시대의 개막

대한민국의 지도를 펼친다. 모든 큰길은 남북으로 연결되었고, 동서의 연결도로는 손꼽을 정도만을 발견한다. 이런 기형적 도로망은 동고서저東高西低의 지형적인 문제로 개발의 균형감을 잡지 못했기 때문일 것이다. 그런데 이러한 사정에서 과감한 탈피를 위한 '사건'이 발생하였다. 충남 태안-경북 울진 849km간 트레킹로를 조성할 계획이 발표된 것이다.

2022년 9월에 발표한 이 계획은 산림청을 비롯한 관련

충남북, 경북도가 업무협약을 체결함으로써 장차 관광, 임산물 유통, 지역 특산물의 도농 거래 활성화 등이 역동성을 띨 것이라는 점에서 하나의 '사건'이라고 이름을 붙여도 무방할 것이다. 태안과 울진의 위도는 북위 36.85도 내외. 일직선의 같은 위도상에 있는 시, 군 지역들도 벌써부터 가슴 뛰는 시대를 맞이할 계획에 궁리가 많을 것이다.

오솔길이 큰 길이 되고 그 길로 많은 사람들이 왕래하다 보면 새로운 관광명소가 될 수도 있을 것이고 그러다 보면 스위스와 같은 관광 대국으로 가는 길이 생기듯, 이제 그것의 첫 삽을 뜬다는 것이다. 시작은 미약하나 그렇게 끝은 창대할 것이다.

바닷물에 얼굴을 씻고 곱게 단장한 아침 햇살이 동녘을 벌겋게 물들이며 떠오른다. 저것은 천지에 펼쳐진 어둠의 장막을 열고 희망과 기대로의 출발점에 서 있다. 횡橫으로 건너온 아침 햇살은 바다 위에 잔주름을 만들어 놓고 발치에 와 기웃거린다.

사람들은 이제 막 떠오르는 태양을 '장엄'이라고 감탄하지만 나는 왠지 수줍음이라고 부르고 싶었다. 담넘어 옆집 총각을 짝사랑하던 처녀가 발뒤꿈치를 들다가 들켜버린 계면쩍은 모습, 나는 수줍음이라고 쓰고 '애타는 사랑'이라고 읽는다.

그렇다. 어느 날 일출이 지상에서 사라진다면 어떻게 될까. 이 어처구니없는, 대재앙에 의해 인간의 삶을 일거에 빼앗긴다는 것은 상상하기조차 힘든 일이다. 그러므로 인간에게 있어 절대 존재인 태양을 '애타는 사랑'이라 불러도 될 것이다.

일출은 언제나 희망의 표상이었다. 그러나 희망은 나약한 것이어서 우리를 속이거나 제풀에 쉽게 죽는다. 희망은 또 혼자 기립하지 못하여 포기하는 수도 있지만, 희망을 건사할 용기까지 놓치거나 포기하면 희망은 금세 절망으로 표변할 것이었다. 용기는 희망과 동질의 개념이 아니라 힘을 모아주는 동력원이기 때문이다.

'편안한 잠'의 땅

2023년 4월 7일 오전 6시 13분, 마침내 동녘을 밝히며 해가 떠오른다. '바다와 솔숲'의 옥상에서 바라본 일출은 당당하였다. 햇살은 어둠을 제압하면서 자신의 속지屬地를 점점 확대해 나가고 있었고, 순식간에 원양과 연안의 경계를 무너뜨리며 거리낌 없이 바다를 평정한다. 바야흐로 갯벌의 아침은 생기로 들뜨기 시작한다.

바다에 둘러싸여 쉽게 발길이 닿을 수 없는 곳 섬을, 피안이라고 부르기도 한다. 섬에서 바라본 육지 또한 동경의 대상이다. 그러므로 섬은 성城이었을지도 모른다. 특히 호구糊口를 바다에 기댈 수밖에 없는 섬사람들의 폐쇄와 단절감은 날씨와 무관하게 매우 컸을 것으로 보인다. 적어도 1974년 안면도 연육교가 생기기 전까지 섬사람의 정서나 생활은 그러했을 것이다.

북쪽 연육교로 숨통을 열어 놓은 지 50년이 지난 후가 되어서야 남쪽에 다리와 터널이 놓임으로써 완벽한 육지로 태어난 안면도는 유수한 관광지로 급부상하고 있다. 국립 해상공원으로 지정되고 10여 개가 넘는 해수욕장과 함께 수목원 등 위락시설이 즐비하고 봄, 여름, 가을에는 각종 축제가 관광객들을 새로운 즐거움의 세계로 인도하고 있다.

나는 섬의 구석구석을 찾아 나선다. 섬은 평화로웠고, 인심은 풍성했다. 그러나 뭐니 뭐니 해도 절대 미감味感을 자랑하는 각종 해산물 음식이 발길을 붙잡는다. 탕, 튀김, 구이 등이 요란한 간판만큼이나 푸짐했고, 일찍이 먹어보지 못한 음식들이 기어코 구미를 끌어당긴다.

요컨대 안면도는 글자 그대로 안安 · 면眠이어야 한다.

등 따숩고 배부르면 찾아오는 잠을 편안하게 받아주는 섬. 만족과 행복의 쉼터가 안면도라는 뜻일 것이다. 그러나 호사다마의 심술은 안면顔面이 안면安眠할 수 있도록 놔두지 않는다. 최근(2021년) 안면도의 황사 내습來襲 일수는 연간 10.8일로 전년도 2.7일의 약 4배로 증가했다는데, 중국발 안면 방해 세력의 퇴치가 시급한 과제로 떠올랐음을 알 수 있다.

일몰 가시 지점인 '바다와 솔숲'을 다시 찾는다. 섭섭하게도 뜻밖에 지는 해와의 고별식이 되어 버린 시간 앞에서 나는 일몰의 자연현상이 인간의 삶의 길과 유사함을 읽는다. 일몰이, 생의 마지막 앞에 만감이 드리워진 인간의 표정과 오버랩되면서 무無와 멸滅로 사라지는 현장을 목도할 뿐이다.

그러나 내일로 다시 뜨는 해는 벅찬 희망의 팡파르를 앞세우며 새로운 세계로 이끌 것이다.

신神의 산, 인간의 산

– 위대한 등정 혹은 허세의 증표

산을 좋아하는 사람에게 왜 산에 가느냐고 물었더니 '산이 그곳에 있어 간다'는 경전經典의 말씀과도 같은 대답을 듣는다. 그곳이 어디인지, 구체적인 설명을 덧붙이지 않아도 그곳은 앞산이거나 뒷산, 멀어봤자 산 넘어 산, 그 어디쯤일 것이다. 이 나라에서는 눈만 뜨면 보이는 것이 산이기 때문이다.

그보다는 산을 좋아하다 보니 발길 닿는 곳이 산이라는 이 문장을 자세히 관찰하면, 그곳에 산이 없으면 갈 일이 없다는 뜻으로도 읽히는데, 이 명언을 처음 만났을 때 어던지 김이 빠져버린 듯한 어법語法이 나에게는 궁금하게 다가왔다. 그곳이 어디이며 건강을 위해 오르는 산행인지, 약초를 캐기 위해서인지 등 왜?에 대한 대답을 비켜선 모호함 때문이었다.

호기심을 따 가다

사춘기쯤의 청소년 시절에는 모든 것이 호기심으로 다가왔다. 왜?로부터 시작된 호기심은 또래 아이들의 수준이었을 텐데 그렇다 하더라도 그 많던 의문 가운데 근사한 호기심 하나 간수하지 못하고 그냥 지나친 것이 못내 아쉽기만 하다. 그것은 왜?가 새로운 왜?에 뒤섞이고 제압당함으로써 혼돈을 불러왔기 때문이다.

호기심의 궁극이, 상상하고 실체를 인식하고 그것을 규명하려는 노력이라면 나에게는 애석하게도 쓸만한 호기심 하나 잘 가꾸어 일가一家를 이룰 소양이 애초부터 없었던 것은 아닐까.

인류의 문화발달사는 호기심으로 시작된 탐색과 실패를 거듭하면서 오늘까지 이어온 역정歷程을 기록해놓은 것이리라. 그런 점에서라면 나는 문화발전의 수혜자로서 숟가락 하나 얹어놓기에 급급해하지 않았는지 돌이켜보게 되는데, 그것은 아무래도 빈사 상태의 호기심이나마 이끌 용기나 기력이 애초부터 한계를 보였기 때문일 것이다.

그러함에도 나는 산이 가지고 있는 어떤 내재율內在律과 함께 산을 오르는 사람들이 겪는 고통과 인내, 자기 한계의 극복이 가져다주었을 성취감이란 어떤 것인지에 대해 궁금하였다. 산행을 좋아하지 않는 나로서는 간접체험으로의 극한의 정도를 알고 싶기도 했고, 그렇지만 산이 언제나 그곳에 있는 것이라면 힘들고 고달픈 여정을 앞당겨 자청할 생각은 없었다.

험한 산을 오른다는 것은 죽음도 마다하지 않는 용기가 있어야 할 것이었다. 또 숨이 턱밑까지 차오르는 인내의 고갈과 함께, 그러한 상태에서 오랜 시간을 버텨야 하는 나의 허약한 체력을 믿을 수 없기 때문이다. 그러므로 산을 오른다는 것은 용기가 먼저인지, 인내가 먼저인지 잠시 헷갈리게 되는데 어쨌든 이 두 개의 각오 모두를 지참해야 한다니 나는 처음부터 엄두를 내지 못한다.

중학교에 갓 들어간 첫 여름 방학 때의 일이다. 식물채집의 숙제를 하기 위해 친구 두 명과 산에 올랐다. 평소에 가 보지 않았던 산에는 산열매가 지천이었고, 식물채집은 까맣게 잊은 채 시간 가는 줄 모르게 오르고 또 올랐다.

몇 굽이를 헤매었는지 나뭇잎 사이로 해가 지고 있었다.

배는 고프고 길은 찾기 틀렸고 난생 처음 산에서 밤을 새우자니 공포감이 사방을 에워싼다. 귀신이 있다고 굳게 믿었던 나이에 지척을 분간할 수 없는 어둠이 무서웠고, 짐승들의 울음소리가 더 무서웠고 거대한 괴물 같은 바윗덩어리가 곧 덮칠 것만 같았다. 너무 무서워 소리라도 지르면 나무들이 일제히 산발을 하고 일어서는 환상에 혼절했다. 그 밤을 뜬눈으로 새운 우리들 세 명은 아침이 되어서야 겨우 정신을 차리고 내려올 수 있었는데, 나중에 안 일이지만 오르고 내리는 길이 모두 생소한 그곳은 20리 길이 넘는 계룡산 중턱이었다.

'산이 그곳에 있어 간다'는 말씀

산에 대한 나의 인식은 두 개의 개념으로 존재한다. 거리감을 두고 바라보는 느긋한 감상이나 예찬이 있는가 하면 승리감 만끽의 정복의 대상이 그것이다. 전자前者가 새색시 발길의 정靜이라면 후자後者는 전투적 기세의 동動이다. 나는 물론 전자의 편이 되어 가끔 추억 나들이에 심취하기도 하는데, 그래봤자 어머니의 치마꼬리를 잡고 나물을 캐거나 조금 커서는 동네 형들과 토끼몰이를 하던 뒷산 양지녘이 그 활동 무대였다.

그러나 전문 산악인에게 산은 적대敵對의 대상일 것이었다. 그렇지 않고서야 정상에 오른 쾌감이 형언할 수 없는 감동을 준다고 해서 도전, 정복, 승리감이라는 쇳소리 나는 단어를 사용한다는 것은 산에 대한 예의가 아닐 것이기 때문이다. 자연과의 친화는 언어에서부터 순화되어야 하고 그것은 비산악인만이 지켜야 하는 금도襟度가 아닐 것이기 때문이다.

세계 산악계의 전설인 영국의 산악인 조지 말로리에게 산은 정복의 대상이었다. 1백 년 전 에베레스트를 등정했을 때 두 번의 경험이 있는 그가 세 번째는 무사히 정상에 오를 것으로 믿었다. 그러나 모든 장비가 1백 년 후인 지금과 비교할 수 없는 열악한 상태에서 영하 30~40도의 혹한은 그의 37년생을 앗아가 버린다.

그는 등반을 앞두고 한 기자와의 인터뷰에서 '왜 산에 가느냐'는 질문을 받는다. 기자는, 목숨을 건 산행에 대한 우려와 함께 인간의 발길이 닿지 않는 미지의 세계를 탐험하는 소감이나 각오 같은 답변을 기대했을 것이다. 그러나 그는 귀찮은 듯 퉁명스럽게 '그곳에 있기 때문'(Becouse it there)이라는 짧은 답변을 했다.

산이 그곳에 있어 간다는 것이다. 말로리가 말한 그곳은 그가 마지막 숨을 거둘 장소였고, 그는 그렇게 악천후의 만년설에서 실종되었다. 시신을 수습하기 위해 몇 번의 시도가 있었으나 찾을 수 없었고, 마침내 75년이 지난 1999년에서야 고도 8,200m 지점에서 발견된다.

산을 오른다는 것은 내려오는 것을 전제로 한다. 이 전제가 문제로 등장했다는 것은 주인공이 사고를 당했다는 것을 의미한다. 말로리 뿐만 아니라 수많은 등반 탐험가들이 목숨을 잃은 것은 장비의 부실에서든 극한의 기온에서든 제대로 길을 찾지 못했기 때문일 터이다. 그래서 사람들은 산은, 오르고 내릴 때 각별히 조심해야 한다는 당부를 잊지 않는데, 어디 산뿐만이랴. 우리들의 삶의 굽이굽이에도 이 진리가 적용될 것이다.

나의 산행 이력은 일천日淺하다. 동네 앞산이나 뒷산을 어슬렁거리는 정도임을 이미 고백하였거니와, 여기에다 각별한 조심성을 갖추고 높은 산을 오른다는 것은 꿈도 꾸지 못할 일이다. 온갖 장비는 그만두고서라도 용기, 인내에 더하여 '긴장감과 조심성'까지 무장을 한다는 것은 그 자체의 무게만으로도 감당하지 못할 것이다.

이와 같은 애달픈 속사정을 알 리 없는 친구들이 산에

오르자고 할 때마다 수년 전의 계룡산이 눈앞에 어른거려 오금을 잡아당긴다. 생각 같아서는 그날 밤의 무서움의 실체를 확인해보는 기회인 듯싶기도 한데, 나는 용기 있게 선뜻 따라나서지 못한다. 그렇다고 '계룡산 사건'의 전말을 시시콜콜 설명할 수도 없는 일. 등산이란 말만 들어도 망연자실茫然自失을 끌어안아야 하는 나는 마침내 궁여지책의 문장 하나를 꺼내든다.

"뭣 하러 힘들게 산에 오르는겨? 어차피 내려올 텐데…."

설산의 위용

산은 인간의 동네 그 변방에서 제 뼈대를 곧추세운 채 오래 지켜온 위용을 흐트러짐 없이 갖추고 있었다. 진한 암회색으로 붓칠을 끝낸 산봉우리에는 옅은 안개와 함께 흰 눈이 얹혀 있다. 이 순백의 골산骨山을 범접할 수 없다는 듯 나무들도 멀찌감치 내려와 도열함으로써 한 폭의 수묵화는 완성된다.

나는 새하얀 눈과 함께 군더더기 하나 없이 풍찬노숙의 생애를 견디고 서 있는 바위산을 바라보면서, 그 흔한 소나무 한 그루 받아들이지 않고 있는 고집스러운 풍경이

안쓰러웠다.

그런 산의 세계에서는 저들이 힘겹게 일어서 있는 가파름을 따라 고개를 뒤로 젖혀 우러러야 하는 것이 예법일지 모를 일이었다. 그렇지 않고서야 만산萬山을 거느린 저 여백 투성이의 골격이 인간의 시선을 외면할 리 없고, 건듯 불어오는 실바람에도 상큼한 향기가 예사롭지 않아 산이 왜 '그곳'에 있는지를 알 수 있었기 때문이다.

완상玩賞의 풍치가 인간의 감성과 예혼藝魂 등이 결합하여 그려지는 것이라면, 고만고만한 봉우리로 줄지어 있다가 놀란 듯 번쩍 일어서 있는 설산은 그 모든 것을 압도하고 있다. 이 느닷없는 풍경은, 봉우리의 흰 눈과 그 아래 태연히 펼치고 있는 꽃의 만개를 동시에 보여주고 있는데, 나는 경이와 탄성을 앞세우고 이 장엄한 풍경의 문장 속으로 뛰어든다.

해발고도 5,596m의 머리 위에 만년설을 이고 누累천년을 정좌正坐하고 있는 옥룡설산玉龍雪山(이하 설산)은 중국 남쪽의 운남성에 있다. 대만과 비슷한 위도에 위치하고 있으면서도 지대가 높아 항상 봄날씨의 기온을 가지고 있는 운남성은 바로 설산 넘어에 베트남, 라오스, 미얀마 등과 국경을 맞대고 있다.

대체로 여행지에 관한 안내문과 전언傳言은 다소의 형용사를 곁들이지만, 나는 운남성의 성도인 곤명에서부터 히말라야 끝자락인 대리, 그리고 여강, 고성을 거쳐오는 동안 미사여구美辭麗句로 색동옷을 입은 상상력이 가슴을 벅차게 했다.

설산은 원래 커다란 한 개의 산괴山塊였는데 지각 변동에 의해 합파설산哈巴雪山(5,396m)으로 나누어지게 되었고 그 가운데의 협곡(虎跳夾)은 인류 역사상 가장 오래된 교역로인 차마고도茶馬古道의 시발지라는 안내원의 설명도 건성으로 듣는다.

나는 열두 봉우리를 거느리고 있는 설산의 장관 앞에서 '듣는 것이 보는 것만 못하다'는 중국의 춘추전국시대 사람 순자荀子의 말을 떠올린다. 이미 사진이나 다큐로 보았고, 안내문, 기행문 등을 읽었으며, 먼저 다녀왔던 여행객들로부터 익히 들어 왔으니 이제는 설산을 바라볼 일만 남은 셈이다.

그러나 순자께서 다시 이르기를 '보는 것이 아는 것만 못하다'며 보이는 것만 볼 것이 아니라 보아야 할 것을 보라는 주문이시다. 결국 아는 만큼 보인다는 가르침인데,

아는 것이 없는 나는 일행의 발길을 따라 나선다.

고도 3,356m. 백두산을 눈 아래로 볼 수 있는 높이의 케이블카 승강장에서 열을 지어 기다린다. 안내원은 조그만 산소통 하나씩을 나누어 주면서, 숨이 끊어질 듯하면 사용하되 대체로 견딜만 하다는 설명을 잇는다. 공기가 희박하니 산소통을 믿으라는 이야기인데 아무래도 모두는 미심쩍어 했다.

4,506m의 인증서

마침내 4,500m 종착지점에 도착하자 나를 맞이한 것은 점점 심해지는 두통과 함께 눈 덮인 별천지였다. 나는 죽기 전까지는 조여오는 두통을 참아 보기로 하고 장엄한 설산의 전경을 눈에 담는다. 사람들은 빙하를 보며 신기해 했으며 눈싸움 놀이를 하는가 하면, 만년 동안 녹지 않았다는 만년설을 입에 넣어 보기도 한다. 과연 이 눈이 만년 묵은 눈인가?라는 의문은 만년을 살아본 사람이 없으므로 그대로 믿을 수밖에 없을 것이었다.

설산은 케이블카에서 내려 170m 정도를 오를 수 있고 그 이상은 사람의 발길을 허락하지 않는 성스러운 처녀산 그대로 보존된다고 했다. 그로써 설산과 인간의 대치는 뚜

렷해졌는데 어찌 보면 선계仙界와 속계俗界의 경계이거나 성聖과 속俗의 구분일지도 모를 일이었다.

나의 고산증세는 악화되고 있었다. 호흡은 가빠졌고 무엇보다도 두통은 참기 어려웠다. 산소통은 전혀 무용지물이었고 일행 모두는 맹탕 산소통을 쥐고 불만을 쏟아냈다. 나는 안내원으로부터 건네 받은 무슨 쪽지 한 장을 구겨 넣고 하산할 수밖에 없었다.

나에게 산은 역시 가까이 다가설 것이 아니라 멀리서 바라봄으로써 그냥 절제된 풍경을 느끼는 것이 훨씬 나은 일이 아닐까 싶었다. 이처럼 체험보다 관망 쪽을 선호하는 것은 까마득한 시절에 있었던 트라우마의 잔재 때문일 터인데 그러나 뒤돌아보면 나의 설산 등반은 자랑스런 사건이 아닐 수 없다. 안내원이 쥐여 주었던 쪽지는 '4,506m'라는 붉은색의 도장이 찍혀 있는 인증서였다.

설산과의 잠깐의 만남을 마치고 하산한 일행은 여분의 시간으로 계획에 없는 호도협을 가 보기로 한다. 절벽 높이 2,000m, 16km의 험한 트레킹 코스에 감히 도전하려는 것이 아니라, 티베트로 가는 차마고도의 관문 앞에서 눈도장이라도 찍자는 뜻에서였다.

나는 마침, 호도협을 지나 티베트 어디쯤에 샹그릴라라

는, 세상에 없는 이상향理想鄕의 이야기를 들은 적이 있어 호기심이 당겼다. 티베트어로 '마음속의 해와 달'이라는 아름다운 이름의 샹그릴라는 '세상에 없는 별천지'인 만큼 인간 사회에서처럼 오욕, 분쟁, 불행 등이 없으며 생로병사에 매달릴 필요가 없는 인간이 꿈꾸는, 그야말로 완벽한 낙원임을 가리킨다.

그러나 존재하지 않는 샹그릴라가 '영원한 행복을 누릴 수 있는 곳, 샹그릴라'로 소문이 퍼지면서 히틀러는 일곱 번이나 탐험대를 보냈다는데, 소문을 낸 사람은 영국의 작가 제임스 힐턴(1900~1954)이었다. 힐턴은 그의 공상소설 「잃어버린 지평선」에서 샹그릴라를 숨겨진 지상낙원이며 신비롭고 아름다운 유토피아로 그리고 있다.

낙원으로 가는 길

사람에게는 누구나 '지금'을 벗어나려는 욕구가 있다. 지금보다 더 나은 것, 더 좋은 것을 찾기 위해 애를 쓰지만 그 욕구는 대체로 뜬구름이거나. 실체가 다가올 만하면 사라져버리는 꿈의 반복에 그친다. 그러나 한 개보다 열 개를, 좋은 것에서 더 좋은 것으로의 욕구는 언제나 왕성한 생장력生長力을 갖고 있는데, 이렇듯 만족이 없는 인간의 욕망의 축적이 진화로 작동되면서 마침내 세상에 없는 이상사회를 만들기에 이른다.

영국의 사상가 토마스 모어(1478~1535)가 만든 낙원은 그의 공상소설 제목대로 '유토피아'였다. 사유재산이 없고 도시민과 농민의 도농교류, 허가증이 필요한 여행 등 철저한 통제 사회를 지상의 낙원으로 그려놓고 있는 Utopia는 그리스어의 '없다' ou-와 '장소' topos 합성어로 '실재하지 않는다'는 어원을 갖고 있다.

그러니까 처음부터 공산주의 사회, 또는 '세상의 없는 사회'임을 전제로 마음껏 공상空想을 펼쳐 놓은 것으로 보이는데, 그러나 사람들은 낙원을 유토피아의 동의어로 오해하고 있다.

질곡의 현실에서 도피하려는 욕구가 만들어 낸 또 하나의 낙원은 역시 중국의 시인 도연명陶淵明(356~427, 추정)의 무릉도원이 있다. 복숭아꽃이 만발한 그림같은 마을에서 신선들만이 사는 동양적 풍경을 보여줌으로써 낙원의 전모를 상상할 수 있게 해 주는데 근심과 다툼이 없고, 평화와 즐거움이 머무는 곳, 무릉도원은 인간세계가 희원希願하는 낙원이었다.

허세의 증표 한 장

등 따숩고 배부른 것이 소원이었던 조선시대에서도 이상理想국가 건설의 시도가 없었던 것은 아니었다. 허균(1568~1618)이 쓴 소설 「홍길동」은 일본에서 가까운 섬에 율도국硉島國을 세우고 먹을 것 넉넉하고 탐관오리가 없는 이상국가를 건설한다.

착취가 없는 세상을 꿈꾸고 당대의 사회체제에 반기를 든 홍길동은 결국 이상향 건설에 실패하는데, 허구의 낙원을 만들어 가는 과정에서 독자들을 대리만족으로 이끌게 된다. 샹그릴라, 유토피아, 무릉도원, 율도국은 모두 세상에 존재하지 않은 소설 속 허구의 요람이었다.

호도협 초입에서 천하주류周流의 낙원 기행을 끝내고 현실로 돌아온 나는, 내가 지향하는 낙원은 어디인가를 생각한다. 지금의 시계視界로서는 '지금 다음의 지금' 또한 안개 속인데 안개 속을 헤치고 들어가 보아야 세상사는 일 또한 안개 속일 것이었다.

낙원이야말로 지금 앉아 있는 자리가 아닌가,라는 생각에 이르자 문득 설산이 눈앞에서 또렷하다 오랫동안 기다렸다는 듯 4,500m 등반의 쾌감이 대견함, 자신감 등으로 분해되어 비로소 온몸을 감전시킨다.

그러나, 생각해 보면 등반이라고 해서 발바닥이 부르튼 일도 없고, 눈 속에서 텐트를 치고 잠을 자 본 일도 없으며, 빙벽을 만나 낭패감을 겪어본 적이 없었다. 산행에서 같이해야 할 인내와 용기조차 문명의 이기利器가 대신했고, 그리하여 나는 두통 불사不辭의 결과로 증표 한 장만을 손에 쥔 셈인데 따지고 보면 그것은 쾌감이나 자신감이 아니라 자괴감인 것이었다.

신의 산, 옥룡설산 4,506m의 등반 인증서는 나의 허세의 증표였다.

7

마음찾기

“달구면 불길처럼 뜨겁고 식으면 얼음처럼 차가워진다. 가만 있으면 연못처럼 조용해지고 움직이면 하늘까지 뛰어오른다. 사나운 말처럼 가만히 매어져 있는 것 이것이 곧 사람의 마음이다.”

마음 엿보기와 읽기

– 상식의 멸종

사람의 마음은 알 수가 없다. 시시각각으로 변화가 무쌍하기 때문이다. 그것은 형태가 되었든 본질이 되었든 말로써 이해할 수 없고 생각만으로 말을 할 수 없다. 뿐만 아니라 과학의 잣대로도 계량화할 수 없고 실측이 되지 않아 수리修理를 동원해도 계산이 나오지 않는다.

그러나 수많은 사람들과 마음에 있는 말, 없는 말들을 주고 받으며 살아가는 세상에서 사람의 마음 읽기에 대한 쉽지 않은 운위云謂는, 문명사회의 건강한 일원으로서 '마음을 쓰지 않으면 안 될' 일일 것이다.

이를 위해 철학, 심리학 등 이른바 인간학을 체계적으로 배운 바 없는 나로서 그것을 깊이 있게 들여다 보겠다는 자체가 분수를 넘는 것 같아 머쓱한 표정을 감출 수 없다.

고삐 풀린 말

사람의 마음을 읽거나 훔치거나 얻는다든가 하는 것은 결국 내 마음이 요구하는 방향으로 동행을 할 수 있게 하는 '마음의 기술'이 필요할 것이다. 이 기술을 설득력이라고 할 수 있을 텐데 이는 상대가 하는 말의 내용, 표정, 강약 등을 경험과 지적 능력의 통합된 판단으로 헤아리면서 그 어간에 숨어 있는 의도나 미세한 감정의 흐름까지도 감지해야 한다는 뜻이다. 그럼으로써 상대의 마음 읽기에 근접할 수 있는 것이다.

그렇다면 마음의 정체는 무엇인가. 말 한마디, 순간의 동작 하나조차 통찰과 숙고熟考의 그물망을 거쳐서 나온 표현임에도 나와의 동행을 거부할 때가 있다. '마음의 기술'에 이상이 온 것이다.

그것은 상대에 대한 제어制御, 또는 간섭을 하였거나 그와 같은 인식을 주었기 때문이다. 이에 대해 장자莊子(기원전 340~280?)는 상대의 마음을 간섭하지 말도록 다음과 같이 당부한다.

"사람의 마음이란 깎아내릴 수 있고 추켜올릴 수도 있는 것이다. 부드러움으로써 강함을 부드럽게 할 수 있고, 강함으로써 이를 깎아내릴 수도 있다. 달구면 불길처럼 뜨겁고, 식으면 얼음처럼 차가워진다. 가만있으면 연못처럼 조용해지고 움직이면 하늘까지 뛰어오른다. 사나운 말처럼 가만히 매어져 있는 것, 이것이 곧 사람의 마음이라"고 말한다. 장자는 끊임없이 움직이는 인간의 외향성을 적절히 표현하고 있다.

이에 비해 이탈리아 사람 마키아벨리(1469~1527)는 사람의 본성에 대해 매우 부정적이며 마치 악의 화신인 듯 직설적으로 분석해 놓고 있다. 전혀 쓸모없는 인간 이하의 인간으로 그려 놓고 있는데, 인간의 본성은 악하다는 성악설이 지적하는 바와 같다.

"인간은, 상대가 은혜를 베푸는 동안 온갖 충성을 다하다가 궁지에 몰리면 돌변하여 등을 돌린다.(중략) 인간은 고마워할 줄 모르고, 변덕스럽고, 거짓말 잘 하고, 남을 속이고, 위험을 피하려 하고, 이익만 좇는다." 〈「군주론」 중에서〉 일견 맞는 말인지 모른다.

지금 우리 사회는 '매어져 있는 말들'이 고삐를 풀어헤치고 위험하게 질주하고 있다. 보고 싶은 것만 보고, 듣고 싶은 것만 듣는 소위 집단지성을 통로로 한 정치적 열성 분자들은 자신들과 지향점이 다르면 저주와 증오의 깃발을 내건다. 시민이라는 익명성 뒤에 숨은 이들은 점차 비타협, 외골수로 세력화되어 사회적 해악은 물론, 궁극적으로 국가 안위에 위협을 가하기까지에 이른다. 민주주의의 절대 위기로 가는 길, 이것이 오늘 우리가 사는 한국 사회의 현실이다.

미국 건국 초기, 2대 대통령이었던 존 애덤스(1735~1826)의 경고가 시공을 넘어 귓전을 때린다.

"기억하라! 민주주의는 오래 지속되지 않는다. 그것을 곧 스스로 낭비하고 탈진하고 자살한다. 자살하지 않는 민주주의는 아직 한 번도 없다."

놀라운 진화

존 애덤스는 민주주의의 역사를 고대 아테네의 정치 체제까지 끌고 올라간 모양인데, 미국 건국 당시는 오늘날과 같은 진정한 민주주의 국가는 없었다. 그러므로 자살한 국가도 없었을 터였고 다만, 처음 시험대에 오른 미국의 민주주의가 꽤 위태롭게 보였을 것이었다.

이는 자치권을 확대하고, 각자 독립을 선언한 13개 주의 이견으로 연방정부로의 통합에 어려움을 겪자 존 애덤스가 홧김에 던진 발언이었을 것이다. 2백여 년이 지난 오늘 나는 왜 그의 발언에 주목하는가. 그의 경고가 예사롭지 않기 때문이다.

사람의 본성은 원래부터 착하다는 성선설과 그 반대 개념으로 성악설을 앞자리에 세운다. 이 등을 맞댄 선과 악의 본성 가운데 성선은 중국 전국시대 맹자孟子(BC 372~289?)에 의해 발현된 이후 영국의 생물학자 찰스 다윈(1809~1882)의 구명究明으로 과학적인 근거로 정리되었다.

다윈은 첫째, 인간은 보살펴야 하는 종種으로, 또 자손은 매우 취약한 상태로 태어나기 때문에 사회 조직뿐 아니라 신경계까지도 진화 과정에서 새롭게 재편되었다. 둘째, 인간은 얼굴을 마주 대하는 종이다. 상대와 공감하고, 모방하여 반응하는 놀라운 능력을 지녔다.

그리고 인간은 갈등이 벌어질 때 도망가거나 상대를 죽이기보다는 갈등을 조정한다. 또 사람의 마음에는 매우 강한 용서 능력이 진화되어 왔다, 는 등등이 그것이다. 다윈의 인간에 대한 이러한 규명은 인간 자체의 생태·심리학적의 내면 모습을 성선을 기본 바탕으로 스케치한 것으로 보인다. 이러한 근거는 성악설을 무색케 한다.

짐작컨대 순자荀子(BC 298~238?)의 성악설은 성선설의 대칭 개념이라기보다 관점의 차이에서 바라본 학설일 것으로 보인다. 순자는 사람의 인성 자체가 악하다고 보고 있으나 이 악한 인성은 후천적 노력에 의해 바로잡을 수 있다는 여지를 남겼기 때문이다.

그러니까 성악설은 악을 그대로 악으로 단정하는 것이 아니라 이를 교정, 교화함으로써 부정적인 인성을 제거할 수 있다고 주장한 것이다.

사람은 누구나 태어나면서부터 이기심과 욕망으로 뭉쳐진 존재로 보고 그래서 다툼이 일어나고, 사회적 혼란이 야기되고, 여기에 도덕과 질서가 파괴된다는 단호함에서 순자는 한 발 물러선 것으로도 보인다.

이 밖에도 입담 좋은 사상가, 철학자들이 펼쳐 놓은 성무선악설性無善惡說이 있는데, 어디에다 시선을 두어야 할지 어리둥절하게 한다. 즉, 인간에게는 선도 악도 없다, 선해질 수도 있고 악해질 수도 있다,

또 인간에게는 선한 능력이 있고 악한 능력도 있다는 등, '있기도 하고 없기도 한' 백가쟁명百家爭鳴 학설 등이 그것이다. 동서고금의 석학 모두는 말에서 모든 '설說'의 기원을 찾고 있음을 알 수 있다.

저급한 변종들

사람 사는 이치의 포괄적 방식을 나는 상식이라고 믿는다. 상식인은 그 사회의 문화와 지식으로부터 얻은 이해력과 사리분별 능력을 갖춘 정상인의 기준이 되는 사람을 말한다. 그래서 상식은 교감과 소통의 창구이다. 그러나 최근에 벌어지고 있는 현상을 보면 지금 우리는 상식 멸종의 야만의 사회에 살고 있음이 확인된다.

정치권으로부터 경고음이 울리기 시작한 것이다. 그들의 우격다짐식 저급한 막말과 혐오 발언, 꼼수, 내로남불 등 모두 적어 내려가면 이 페이지 몇 장을 더 넘겨야 할 것이었다. 이들은 국민, 국가, 민주주의라는 대의는 치장용으로 접어두고 내 잇속 챙기기의 미개한 변종으로서의 역할에만 충실할 뿐이다.

이러다 보니 이 세계에서는 정상적인 상식인은 살아남을 수 없다. 정상인의 가면을 쓰고 비정상적인 돌출 행태를 보여야만이 정치적 생명을 유지·연장할 수 있다고 믿기 때문이다.

정치인과 대중과는 불가분의 관계를 가진다. 그러함에도 대중의 마음이 극렬 지지 세력으로 팬덤화되어 간다는 것은 바람직한 결과를 얻지 못할 것이었다. 방관, 중도층을 지지 세력으로 흡수하고자 하는 이와 같은 전략이 과연 성공할 것이냐는 것은 별개로 두고 이 지점에서부터 지지자는 선, 상대는 악의 구도로 설정해 놓는다는 것은, 그것의 부정적인 인화력引火力이 감당하기 어려운 결과를 가져올 뿐이다.

한발 더 나아가 지지 세력 즉, '대중의 의식화', '의식의 대중화'를 위한 전략이 대중의 마음을 얻기 위한 것이라 해도 이미 팬덤화된 지지 세력을 관리, 통제하기에는 한계가 있을 것이었다.

그렇다면 결국에 가서는 그들의 개별적인 목소리가 통제권 밖에서 세포분열을 함으로써 또 다른 사회적 폐해를 불러올 수밖에 없을 것이었다.

이들은 또한 스스로의 주장과 구호에 열광하고 서로가 서로를 자극하면서 '똑똑한 바보'가 된다. 대중을 선도한다는 착각에 빠지기도, 정치 권력의 일원이 되었다는 과대망상의 자만심이 그들의 의식을 지배하게 된다. 특히 조직화된 재야의 망발 고취 세력들이 생산해내는 가짜뉴스들을 정치적 담론으로 재가공하여 유통시킴으로써 스스로 우월감에 빠져든다.

이쯤되면 운동장은 이미 기울어진 상태가 되어 이성과 합리의 외피를 벗어던지고 외골수의 전형인 적대와 갈등의 조장만 남게 될 것이었다.

나는 여기에서 미국의 코미디언 구르초 막스(1890~1977)의 풍자 하나를 인용한다. "모든 사람은 다 비슷하게 태어난다. 공화당, 민주당 지지자들만 빼고…." 이 촌철살인은 지금 우리에게 그대로 적용해도 이상할 것이 없을 것이었다.

마음이 가는 곳에 말이 있고 싫든 좋든 말이 있는 곳에 감정이 있다. 감정이 먼저고 말이 그다음이라 해도 상관은 없다. 그러나 '말이 화를 부르고 화는 홀로 다니지 않는다'는 경계의 목소리 또한 무겁게 다가온다. 기대해서는 안 될 일을 기대하는 것을 희망 고문이라고 했던가. 지금 정치권에 대한 상식, 신사도, 합리에의 기대가 바닥인 마당에 그것의 끝이 어떤 모습으로 나타날까,가 두려운 것이다.

그렇다면 온화하고 진정성이 담긴 말은 어떤가. 그런 따뜻한 말 한마디가 상대의 내면을 변화시키는 긍정의 힘이 되어 가식 없는 관계로 이끌지 않겠는가.

윤달과 재채기의 고통

쓸쓸한 생각 속으로 계묘년癸卯年 한 해가 저물어 가고 있다. 뜨고 지는 하루해의 경건함 앞에서 어찌할 바 몰랐던 시간들이었다. 마침내 탈고脫稿도 하기 전에 병은 점점 깊어 갔고 고통의 크기는 '착한 암'도 이겨내기가 어려웠다. 그것은 흉년에 윤달이요, 기침에 재채기까지 중첩된 힘든 형국이었다.

살면서 얻은 가볍지 않은 그간의 죄로 미루어 예수님, 부처님을 찾아 위로받을 염치도 없었고, 우선 급한 대로 의사 선생님 바짓가랑이 붙들기가 먼저 일 수밖에 없었는데 어쨌거나 겨우 살아나 천명을 이어나가게 되었으니 나로서는 크게 다행한 일로 여기지 않을 수 없었다.

역사의 갈피 속에서 혹은 생각의 틈새를 비집고 나온 '세상의 두 개'는, 그러나 어찌하랴, 병치레에다 어눌한 둔필鈍筆로 그것도, 중도에서 머뭇거리게 된 격이 참으로 아쉽기 짝이 없는 노릇이었다.

그렇기로서니 나는 나 자신을 향해 더 이상 타박을 해서는 안 된다는 생각이었다. 왜냐하면, 지는 해는 다시 뜨기 때문이었다. 어차피 안타까워한다고 해서 내일로 다시 해가 뜨지 않을 리 없고 보면 나는 시치미를 떼고서라도 활짝 웃어야 할 것이었다.

동녘에는 벌써 밝은 해가 떠오르고 있다.

2023년 12월 思棲齋에서 김구부 삼가

세상의 두 개

2023년 12월 1일 1쇄 발행

지은이 김구부

발행인 강병욱
발행처 도서출판 교음사
편집 수필문학사

03147 서울 종로구 삼일대로 457 수운회관 1308호
Tel (02) 737-7081, 739-7879(Fax)
e-mail : gyoeum@daum.net
등록 / 제2007-000052호

* 잘못된 책은 바꿔 드립니다. 값 15,000원

ISBN 978-89-7814-948-8 03810